초등학교 선생님이 알려주는 초등학생이 꼭 알아야 할
알콩달콩 초등 국어 개념 사전

제1판 제1쇄 인쇄 2020년 12월 23일
제1판 제1쇄 발행 2021년 01월 04일

글쓴이 김정 **그린이** 김정 **펴낸이** 조헌성 **펴낸곳** (주)미래와경영
ISBN 978-89-6287-215-6 73710 **값** 13,000원
출판등록 2000년 03월 24일 제25100-2006-000040호
주소 (08590) 서울특별시 금천구 가산디지털1로 84, 에이스하이엔드타워 8차 1106호
전화번호 02) 837-1107 **팩스번호** 02) 837-1108
홈페이지 www.fmbook.com **이메일** fmbook@naver.com

- **모델명**: 알콩달콩 초등 국어 개념 사전
- **제조년월**: 2021.01.04. **제조자명**: (주)미래와경영
- **주소 및 전화**: 서울특별시 금천구 가산디지털1로 84, 에이스하이엔드타워 8차 1106호 / 02) 837-1107
- **제조국명**: 대한민국 **사용연령**: 5세 이상 어린이 제품

※ 이 책에 실린 모든 내용, 디자인, 이미지, 편집구성의 저작권은 글쓴이, 그린이와 (주)미래와경영에 있습니다.
※ 이 책은 대한민국 저작권법에 따라 보호되는 저작물이므로 무단전제와 복제, 전송, 판매를 할 수가 없습니다.
※ 책 내용의 일부 또는 전부를 이용하려면 반드시 글쓴이, 그린이와 (주)미래와경영의 서면동의를 받아야 합니다.
Copyrights ⓒ2021 by Miraewagyungyoung Co. Ltd.
(08590) #1106, ACE HighEnd Tower 8, 84, Gasan digital 1-ro, Geumcheon-gu, Seoul, Korea.
All rights reserved. The First Published by Miraewagyungyoung Co. Ltd., in 2021. Printed in Seoul, Korea.

■ 좋은 책의 독자와 함께합니다.
 책으로 펴내고 싶은 소중한 경험이나 지식, 아이디어를 이메일 fmbook@naver.com로 보내주세요.
 (주)미래와경영은 언제나 여러분께 열려 있습니다.

초등학교 선생님이 알려주는 초등학생이 꼭 알아야 할

알콩달콩
초등 국어 개념 사전

글·그림 김정

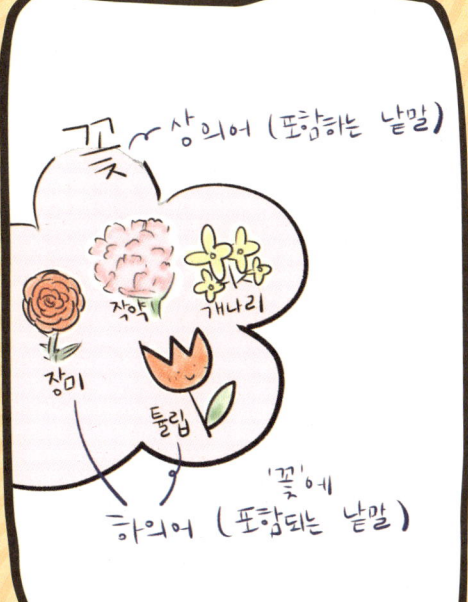

미래와경영

〈알콩달콩 초등 국어 개념 사전〉 사용 방법

국어 개념이란, 국어 과목의 핵심 내용과 지식을 말해요.
국어 개념을 아는 만큼 국어 공부를 쉽고 재미있게 할 수 있어요.
이 책은 초등학생이 꼭 알아야 할 국어 개념을
문학, 읽기·쓰기, 듣기·말하기, 문법 영역으로 나누어 실었어요.

최신 국어교육과정과 전 학년 국어교과서를 분석하여 핵심 개념을 담았고,
중학 국어 개념과도 자연스럽게 연결시켜 이해할 수 있도록 구성했어요.

비주얼씽킹 학습으로 국어 개념이 한눈에 쏙쏙,
머리에 쏙쏙 들어올 수 있도록 책을 썼어요.
비주얼씽킹이란, 글과 그림을 통해 기억력과 이해력을 키우는 학습 방법이에요.
추상적인 국어 개념을 그림과 함께 풀이하여
어려운 내용을 이해하는 데 도움을 주려고 했어요.
여러분도 새로운 개념을 배울 때 이 책의 예시 그림처럼
직접 그림을 그리면서 공부하면 훨씬 더 잘 기억하고 이해할 수 있을 거예요.

〈핵심 쏙쏙! 개념지도〉로 각 장을 한눈에 정리할 수 있도록 했어요.

〈찾아보기〉를 보면 궁금한 개념을 빨리 찾아볼 수 있어요.
국어 공부를 하다가 모르는 낱말이 나올 때 바로 찾아보는 습관을 들이면
더욱 좋아요.

초등학생이 꼭 알아야 할 국어 개념이에요. 　　국어 개념을 설명한 글이에요.

희곡
연극 무대에서 공연을 하려고 쓴 대본

희곡은
연극에서 배우들이
해야 할 대사와 행동을 쓴 글이에요.

행복초등학교 학생들이
(마법나라 왕자와 요술나라 공주) 이야기로
연극을 발표하려고 합니다.

몇 백 년 동안
여러 번 전쟁을 해서 서로 사이가
아주 나쁜 나라의
왕자와 공주가
사랑에 빠지는 이야기지요.
이 연극을 공연하기 위해 쓴 대본이
바로 **희곡**입니다.

희곡 → 연극무대에서 공연을 위해 쓴 대본

국어 개념을 가장 쉽게 이해할 수 있는 이야기예요. 　　국어 개념의 이해를 돕는 그림이에요.

핵심 쏙쏙! 개념지도

- 글의 종류
  : 논설문 연설문 광고문 제안하는 글
- 짜임: 서론-본론-결론
- 주장과 근거 (뒷받침)
- 설득하는 글
- 읽기, 쓰기
- 편지
  - 받을 사람 - 첫인사
  - 전하고 싶은 말
  - 끝인사 - 쓴 날짜
  - 쓴 사람
- 문단: 중심 문장 + 뒷받침 문장
- 쓰기 과정
  1. 계획하기
  2. 내용 떠올리기
  3. 내용 조직하기
  4. 표현하기
  5. 고쳐쓰기

국어 개념을 한눈에 정리해요.

5

차례

<알콩달콩 초등 국어 개념 사전> 사용 방법 ·········· 4

상상과 진실 사이 문학

시 ·································	14
행, 연 ·····························	16
화자 ·······························	18
운율 ·······························	20
심상 ·······························	22
심상의 종류 24	
비유적 표현 ·······················	26
직유법 28 ㅣ 은유법 28 ㅣ 의인법 28	
함축 ·······························	30
시적 허용 ··························	32
의성어 ·····························	34
의태어 ·····························	36
시의 여러 가지 표현 방법 ········	38
반복법 38 ㅣ 영탄법 38 ㅣ 대구법 38 ㅣ 도치법 39 ㅣ 문답법 40 ㅣ 반어법 40 ㅣ 역설법 40	
시조 ·······························	42
이야기 ·····························	44

허구성과 진실성 …………………………………… 46

이야기 구성의 3요소 ……………………………… 48
　인물 48 ｜ 사건 48 ｜ 배경 48

인물 ………………………………………………… 50
　평면적 인물과 입체적 인물 50 ｜ 전형적 인물과 개성적 인물 52
　주동 인물과 반동 인물 54

갈등 ………………………………………………… 56
　내적 갈등 56 ｜ 외적 갈등 58

이야기의 구성 단계 ………………………………… 62
　발단 64 ｜ 전개 64 ｜ 절정 64 ｜ 결말 64

복선 ………………………………………………… 68

시점 ………………………………………………… 70
　1인칭 주인공 시점 71 ｜ 1인칭 관찰자 시점 72 ｜ 전지적 작가 시점 73
　3인칭 관찰자 시점 74

고전소설 …………………………………………… 76

현대소설 …………………………………………… 78

판소리 ……………………………………………… 80

설화 ………………………………………………… 82

희곡 ………………………………………………… 84
　해설 87 ｜ 지문 88 ｜ 대사 90

시나리오 …………………………………………… 96

수필 ………………………………………………… 98

문학의 갈래 ………………………………………… 100

시 개념지도 102 ｜ 이야기 개념지도 103

2장 국어 실력의 기본 읽기·쓰기

주제, 소재, 제재 ·· 106
　주제 106　소재 106　제재 106

설명하는 글 ·· 108

설명하는 글의 짜임 ·· 110
　글의 짜임 110　비교와 대조 짜임 110　나열 짜임 112　순서 짜임 114

설명 방법 ·· 116
　정의 116　예시 118　비교 119　대조 120　열거 121　묘사 122　분류 123　분석 124

설명하는 글의 종류 ·· 125
　기행문 125　소개하는 글 127　안내문 129　보고서 130　기사문 132

전기문 ·· 134

설득하는 글 ·· 136
　주장 136　근거 136　설득하는 글을 읽는 방법 137

논설문 ·· 138
　논설문의 짜임 138

연설문 ·· 140

광고문 ·· 142
　광고 표현의 적절성을 판단하는 방법 142　허위 광고 142　과장 광고 142
　공익 광고 142

제안하는 글 ·· 144
　제안하는 글에 들어가는 내용 144　제안하는 글에 사용하는 표현 144

문단 ·· 146
　문단의 특징 146　중심 문장 146　뒷받침 문장 147

요약 ·· 148
　글을 요약하는 방법 148

추론 ··· 150

원인과 결과 ··· 152
    원인 152　결과 152

편지 ··· 154
    편지에 들어갈 내용 154

일기 ··· 156

독서 감상문 ··· 158
    독서 감상문 쓰는 방법 158

매체 ··· 160
    인쇄 매체 자료 160　영상 매체 자료 160　인터넷 매체 자료 160　대중 매체 160

쓰기 과정 ·· 162

저작권, 출처 ··· 164

핵심 쏙쏙!

설명하는 글 개념지도 166　읽기·쓰기 개념지도 167

3장 귀 기울여 듣고 자신 있게 말하는 듣기·말하기

의사소통 ··· 170
    화자 170　청자 170

대화 ··· 172
    대화의 특성 173　누리 소통망[SNS] 대화 173

발표 ·· 174
비언어적 표현 ··· 176
토론 ·· 178
    논제 178 토론 절차 178 주장 펼치기 179 반론하기 179
    주장 다지기 179 토론에서 주장을 뒷받침하는 근거 자료 181 판정단 181
토의 ·· 182
    토의 절차 182 토의에서 의견을 결정하는 기준 183
회의 ·· 184
    참여자 184 회의 절차 184 개회 184 주제 선정 184 주제 토의 185
    표결 185 결과 발표 187 폐회 187 재청 187
면담 ·· 188

듣기·말하기 개념 지도 190

언어의 특성 ··· 192
    기호성 192 자의성 192 창조성 193 사회성 194 역사성 194 법칙성 194
언어의 기능 ··· 196
    정보적 기능 196 명령적 기능 196 친교적 기능 196 정서적 기능 196
음운 ·· 198
    자음 198 모음 198 예사소리 198 된소리 199 거센소리 199

품사 ·· 200
  명사 200 대명사 200 수사 200 관형사 201 부사 202 조사 202
  감탄사 202 동사 203 형용사 203 용언 203 어간 204 어미 204

문장 성분 ··· 205
  주어 205 서술어 205 목적어 206 보어 206 관형어 206 부사어 206
  독립어 207

문장의 종류 ·· 208
  평서문 208 의문문 208 명령문 208 청유문 208 감탄문 209
  높임 표현 209

낱말 사이의 의미 관계 ······································ 210
  유의어 210 반의어 210 상의어와 하의어 211 다의어 212 동음이의어 213

낱말을 만드는 방법 ·· 214
  어근 214 접사 214 단일어 214 복합어 214 합성어 215 파생어 215

고유어·한자어·외래어 ······································ 218
  고유어 218 한자어 218 외래어 218

관용어 ·· 220

  문법 개념 지도 222

부록

찾아보기 ·· 224

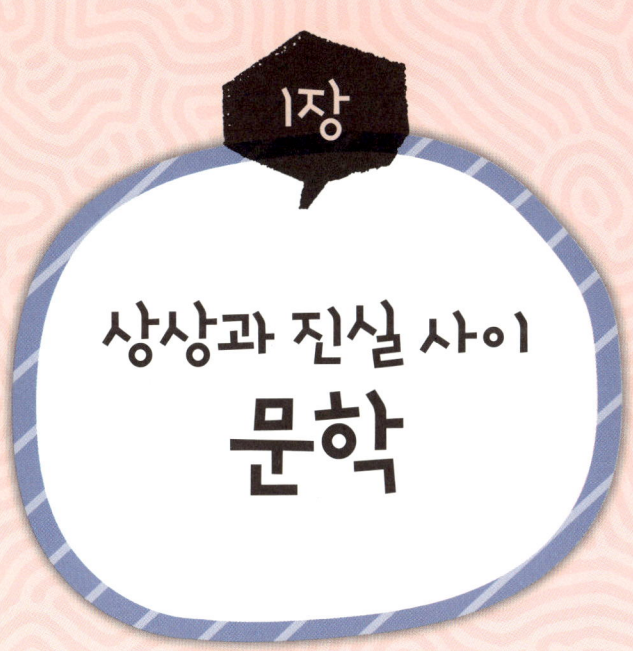

1장
상상과 진실 사이
문학

시 / 행, 연 / 화자 / 운율 / 심상
비유적 표현 / 함축 / 시적 허용 / 의성어 / 의태어
시의 여러 가지 표현 방법 / 시조 / 이야기 / 허구성과 진실성
이야기 구성의 3요소 / 인물 / 갈등 / 이야기의 구성 단계
복선 / 시점 / 고전소설 / 현대소설 / 판소리
설화 / 희곡 / 시나리오 / 수필 / 문학의 갈래

※ 문학 : 언어(말과 글)로 표현하는 예술입니다.
시, 소설, 수필, 희곡 등을 말합니다.

시

글 쓰는 이의 느낌과 생각을 리듬이 느껴지는 말로 나타낸 글

시는 똑같은 말을 여러 번 반복해서 쓰거나,
비슷한 말을 써서
노래하는 것 같은 느낌을 줘요.

다음 시처럼 짧은 시도 있지만,

살랑살랑 봄바람
살랑살랑 나비의 날갯짓
살랑살랑 엄마의 원피스 자락

다음 시처럼 길게 쓰는 산문시도 있어요.

매번 시험 날이면 아이들의 하얗게 긴장한 얼굴이 보인다.
시험 시간에는 연필 사각거리는 소리만 교실을 가득 채운다.
한 친구는 창밖을 보며 깊은 한숨을 쉰다.
이 순간은 성냥갑 같은 교실이 좁고 답답하다.
너른 운동장이 그리워지는 오늘이다.

행, 연

행 시의 한 줄

연 시에서 여러 개의 행을 묶은 것

물방울이 모여서
강이 되듯이,
행이 모여서 연이 되어요.

이 시는
2연 6행으로
이루어져 있어요.

1행 - 꼬불꼬불 내 동생 머리
2행 - 꼬불꼬불 라면
3행 - 꼬불꼬불 꼬부랑 할머니

― 1연

살랑살랑 봄바람
살랑살랑 나비의 날갯짓
살랑살랑 엄마의 원피스 자락

― 2연

화자(= 시적 화자)

시 속에서 말하는 이

화자는
시인 자신의 생각이나 느낌을 효과적으로 전달하려고
시인이 새롭게 만든 인물이에요.

시인은 변신의 천재예요.
여러 가지 가면을 쓸 수 있어요.
시에서 화자(말하는 이)는 어른일 수도 있고 아이일 수도 있어요.
여자일 수도 있고 남자일 수도 있어요.
사람일 수도 있고 동물이나 식물일 수도 있지요.
화자가 달라지면 시의 느낌도 달라져요.

> 나를 소중히 다뤄줘.
> 마구 넘기면 구겨지고 찢어질 수 있어.
> 누군가 나를 찾아주길
> 햇볕과 먼지 쌓인 도서실에서
> 매일 기다려.

이 시의 화자는 누구일까요?

바로 책이에요.

이렇게 사람이 아닌 사물도 시에서 말하는 이, 화자가 될 수 있어요.

운율(= 리듬감)

시를 읽을 때 느껴지는 말의 리듬

리듬은 소리의 높낮이와 세기가 일정한 사이를 두고 거듭되는 것이에요.

나리 나리 개나리

나리 나리 빛나리

나리 나리 미나리

'나리'라는 말이 반복되어서, 읽었을 때 노래하듯 리듬감이 생겨요.

들어 볼래, 내 소감!

내 미래에 뿌린 꿈이라는 물감

언제나 떠오르는 나의 영감

낱말 끝에 '감'이 반복되어서, 읽을 때 신이 나고 리듬감이 느껴져요.
이게 바로 시의 운율이에요.

💡 영감 : 갑자기 떠오른 매우 놀라운 생각

심상(= 이미지)

시를 읽을 때 마음속에 그리는 모습

> 가을바람 살랑살랑
> 코스모스 한들한들
> 고추잠자리는 휘잉휘잉
> 단풍잎은 방긋방긋

이 시를 읽으면
가을바람에 코스모스가 한들한들
흔들리는 모습,
고추잠자리가 날아다니는 모습,
빨간 단풍잎의 모습 등
장면이 생생하게 떠올라요.

이렇게 시를 읽었을 때 장면이 떠오르는 것이
시의 심상이에요.

심상의 종류

눈으로 느낄 수 있는 시각적 심상

(예) 붉은 체리

귀로 느낄 수 있는 청각적 심상

(예) 쿵짝쿵짝 북소리

혀로 맛을 보는 것 같은 미각적 심상

(예) 매콤달콤 떡볶이

코로 냄새를 맡는 것 같은 후각적 심상

(예) 새콤달콤 향긋한 사과 향

피부에 닿는 것 같은 촉각적 심상

(예) 보들보들 말랑말랑 곰 인형

여러 감각으로 동시에 느끼는 공감각적 심상

(예) 은빛 비린내(은빛 - 시각, 비린내 - 후각)

푸른 종소리(푸른 - 시각, 종소리 - 청각)

비유적 표현

사람이나 사물을 다른 대상에 빗대어 표현하는 것

비유적 표현은
어떤 사람이나 사물을
다른 사물에 빗대어
표현하는 것을 말해요.

사람이나 사물 사이에
같은 점(공통점)이 있으면
서로 짝지어서
나타낼 수 있어요.

(예) 별처럼 빛나는 우리 가족(별 = 가족)
풀잎 같은 친구, 손 흔들어주네(풀잎 = 친구)

직유법　'~같이, ~처럼' 등의 말로 직접 짝짓는 비유법

　　　　　　(예) 사과같이 예쁜 내 얼굴

은유법　'A는 B이다'의 형태로 은근히 짝짓는 비유법

　　　　　　(예) 내 마음은 잔잔한 호수이다.

의인법　사람이 아닌 것을 사람처럼 나타내는 비유법

　　　　　　(예) 해님이 손짓하네.

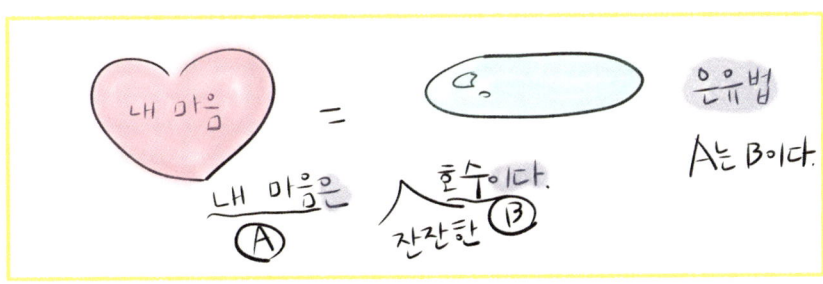

함축

말이나 글에 많은 뜻을 담고 있는 것

시에서
여러 가지 의미를
짧은 낱말로 줄이고 압축해서 나타내는 것을
함축적 언어라고 해요.

굳세고 푸른 나무
늘 변하지 않는 마음

여기서 '푸른 나무'는 '나무'만을 뜻하는 것이 아니라,
계절이 바뀌어도 변하지 않는 마음,
굳센 마음을 함축적으로 나타내고 있어요.

하얀 눈
내 마음에 소복이 쌓인다,
내 마음도 하얗고 깨끗해진다,

짧은 '눈'이라는 낱말에 하얗고 깨끗한 마음,
순수한 마음과 같이 많은 것을 줄여서 나타냈어요.

시적 허용

시적인 효과를 위하여 허용하는 것

시에서
시인의 감정을 효과적으로 전달하고
읽는 이에게 감동을 주려고
문법적으로는 틀린 말이지만 허용하는 것이에요.

(예) 노오란 개나리

정확한 표현은 '노란'이지만,
강조하기 위해 '노오란'이란 표현을 허용하고 있어요.

(예) 모든 순간이 다아 꽃봉오리인 것을

정확한 표현은 '다'이지만,
아쉬운 마음을 표현하려고
'다'를 늘여서 '다아'로 나타냈어요.

VS

의성어

소리를 흉내 낸 말

꿀꺽꿀꺽,

첨벙첨벙,

아삭아삭,

사각사각,

후드득후드득,

소곤소곤,

꼬르륵,

훌쩍훌쩍 등

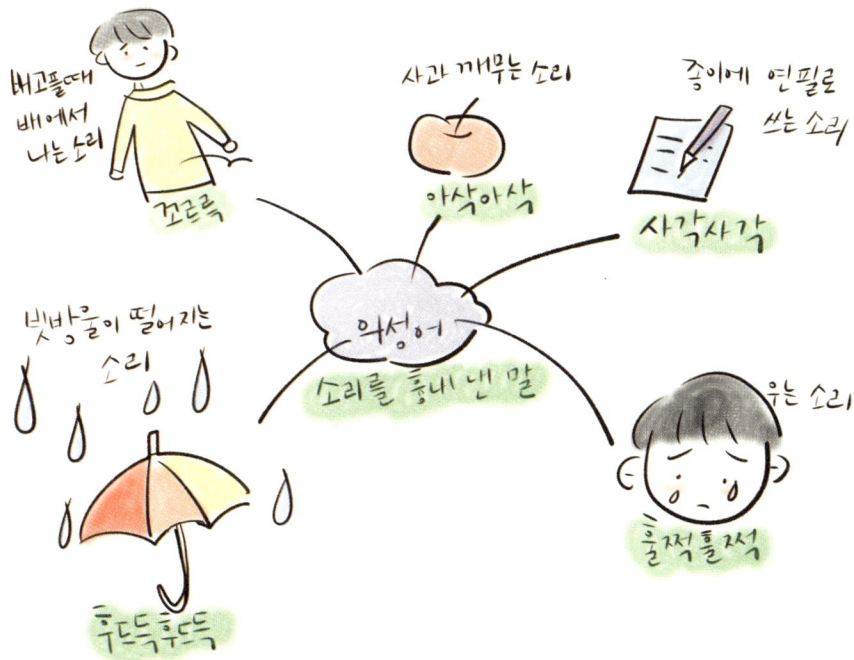

의태어

모양을 흉내 낸 말

살금살금,
사뿐사뿐,
주렁주렁,
꼼지락꼼지락,
뒹굴뒹굴,
흔들흔들,
빙글빙글,
꼬물꼬물 등

시의 여러 가지 표현 방법

시를 표현하는 방법

반복법 같은 말을 반복하여 나타내는 방법

(예) 달님, 달님, 고운 달님

영탄법 기쁨, 슬픔, 안타까움 등 벅찬 감정을 강조하여 표현하는 방법
'~구나', '~이여'와 같은 표현을 느낌표와 함께 사용하는 경우가 많음

(예) 산산이 부서진 이름이여!

아! 꽃이 지는 아침은 울고 싶어라!

대구법 비슷한 말을 대칭이 되게 표현하는 방법

(예) 호랑이는 죽어서 가죽을 남기고, 사람은 죽어서 이름을 남긴다.

인생은 짧고, 예술은 길다.

도치법 문장의 순서를 바꾸어 표현하는 방법

(예) 기다릴 거야, 따스한 봄을.

(원래 순서는 '따스한 봄을 기다릴 거야.')

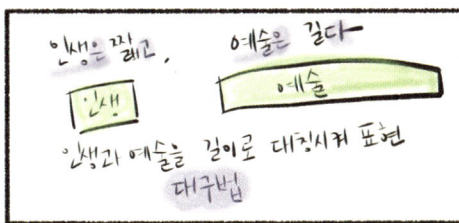

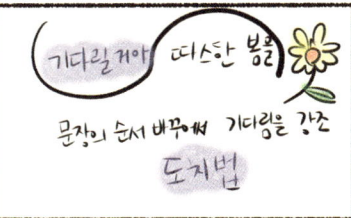

문답법 자기가 묻고 자기가 대답하는 형식으로 표현하는 방법

(예) 셋은 뭐니? 트라이앵글.
넷은 뭐니? 의자 다리.
다섯은 뭐니? 다섯 손가락.

반어법 실제와 반대로 표현하는 방법

(예) (찌푸린 표정으로) 잘~한다!
(사실 잘하지 못한다는 뜻)

역설법 문장이나 내용에 오류가 있는 것처럼 보이지만, 그 안에 진실을 담고 있는 표현 방법

(예) 지는 것이 이기는 것이다.
소리 없는 아우성.

시조

일정한 형식에 맞추어 쓴 우리나라 고유의 시

시조는
고려시대 말부터 등장해서
최근에도 만들어지고 있는
우리나라 고유의 시예요.

시조는
총 3장에
글자 수는 45자 내외로,
정해진 형식에 맞추어 써야 해요.

첫 번째 줄을 초장,
두 번째 줄을 중장,
세 번째 줄을 종장이라고 하고,
초장, 중장, 종장을 가리켜 '3장'이라고 해요.
종장의 처음은
반드시 세 글자로 정해져 있어요.

훈민가 　　　-정철

어버이 살아계실 때 / 섬기기를 다 하여라 -초장

지나간 후면 / 애닯다 어이하리 -중장 } 3장

평생에 다시 못 할 일이 / 이뿐인가 하노라 -종장

종장의 처음 세 글자는
반드시 세 글자로 씀

[시조] → 일정한 형식에 맞춘 우리나라 고유의 시　(고려시대부터!)

이야기

어떤 일이나 사건에 대하여 일정한 시작과 중간과 끝으로 줄거리를 이루는 말이나 글

이야기는
현실에서
있음직한 일,
실제로
일어난 일은 아니지만
현실에서
일어날 수 있는 것을
작가가
상상해서 꾸며 낸 말이나 글이에요.

어린이를 위하여 쓴
이야기는 동화,
청소년과 어른을 위하여
쓴 이야기는
소설이에요.

허구성과 진실성

허구성은 사실이 아닌 것을 사실처럼 꾸며서 만든 특성
진실성은 이야기에서 인생의 참된 모습을 깨닫게 해 주는 특성

우리나라에서
가장 유명한 아이돌그룹 멤버가
우리 반 담임 선생님이 되는 내용으로
이야기를 쓴다고 해 봐요.
실제 일어나지 않은 일을
사실처럼 꾸며서 썼지요?
이렇게 사실이 아닌 것을 사실처럼 꾸며서 만든 것을
이야기의 허구성이라고 해요.
작가의
상상 속 이야기라는 뜻이지요.

하지만
아이돌 선생님과 학생들의 마음이
서로 통했다면
'사랑', '배려', '스승과 제자'와 같은
인생의 진실을 담을 수 있어요.

이렇게 인생의 중요한
진실을 깨닫게 해 주는 것을
이야기의 진실성이라고 해요.

이야기(소설) 구성의 3요소

인물, 사건, 배경

이야기를 이루는 3요소는
인물(사람), 사건(일), 배경(시간과 장소)이에요.
인물, 사건, 배경이 있어야
이야기를 만들 수 있어요.

인물 이야기에 나오는 사람

(예) 아이돌 선생님, 행복초 아이들

사건 이야기에 나오는 일

(예) 학예회에 같이 공연 준비한 일, 운동회 날에 방송국에서 촬영하러 온 일

배경 이야기가 일어나는 시간(2020년 3월~2021년 2월)과 장소(행복초 교실)

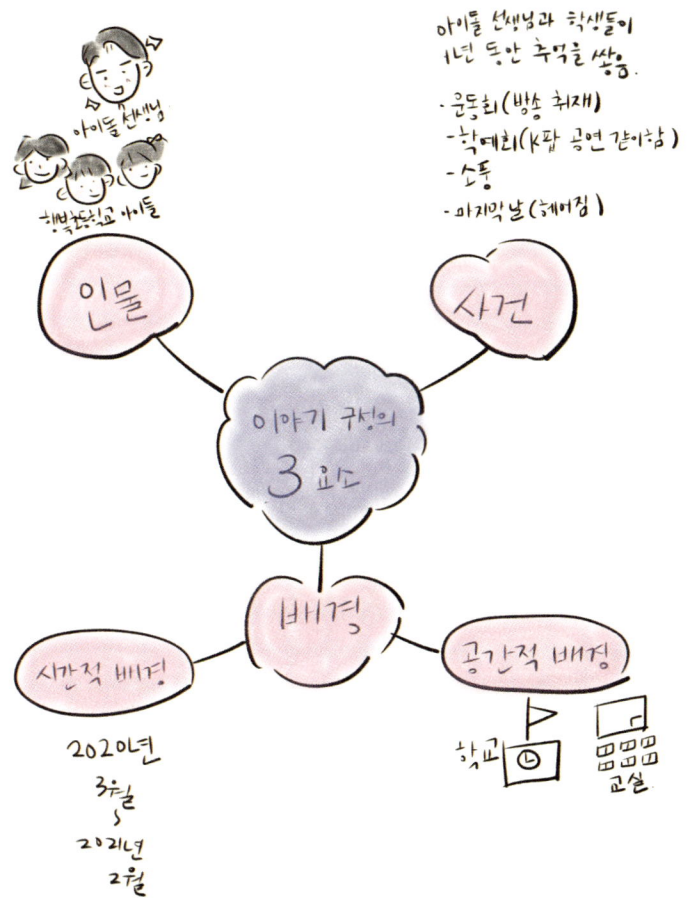

💡 시간적 배경 : 이야기가 일어난 시간
💡 공간적 배경 : 이야기가 일어난 장소

인물

이야기에 나오는 사람

평면적 인물과 입체적 인물

평면적 인물은
처음부터 끝까지
성격이 바뀌지 않는 인물을 말해요.
〈콩쥐와 팥쥐〉에서 콩쥐는 새어머니와 팥쥐의 구박에도
고운 마음씨를 유지하고 마지막에는 복을 받는 평면적 인물이에요.

입체적 인물은
어떤 사건으로 인해
본래 가지고 있던 성격이 변하는 인물이에요.
이야기나 영화에서 주인공이 소심하다가
어떤 위기나 사건을 통해 점점 적극적이고 씩씩하게 변한다면,
입체적 인물이라고 할 수 있어요.

〈만복이네 떡집〉에서
만복이는 처음에 나쁜 말만 하고
친구들도 만복이를 싫어해요.

신기한 떡집에서
여러 가지 떡을 먹고 고운 말만 하게 되면서
친구들이 좋아하게 되지요.
시간이 지나면서 만복이의 성격이 바뀌고,
다른 사람들이 만복이에 대해 생각하는 것도 바뀌었기 때문에
만복이는 입체적 인물이에요.

전형적 인물과 개성적 인물

전형적 인물은
일정한 연령, 특정한 계층 및 집단의 특성을
대표하는 인물이에요.

〈흥부전〉의 흥부는
당시 아주 가난한 계층을 대표해서 보여주고 있어요.
가난하지만 마음씨만은 착한,
옛날이야기에 자주 나오는 전형적 인물이지요.

개성적 인물은
자신만의 개성을 가진 인물이에요.
〈주토피아〉에서 주디는
토끼가 몸집이 작고 약하다는 편견에서 벗어나
씩씩하고 적극적인 모습을 보여주고 있어요.
닉은 여우가 교활하고 남을 잘 속인다는 편견에서 벗어나
다른 동물들을 위해 애쓰는 모습과
자신만의 개성을 보여주고 있어요.

주동 인물과 반동 인물

주동 인물은
이야기의 주인공으로
사건을 이끌어가는
인물이에요.

반동 인물은
주인공과 경쟁하여
갈등을 일으키는
인물이에요.

💡 주동 : 어떤 일의 중심이 되어 그것을 부추기는 것

갈등

서로 입장이나 생각이 달라서 생기는 충돌

갈등은 이야기에서
서로 입장이나 생각이 달라서 생기는 다툼을 말해요.
만약 갈등이 없다면
이야기는 아무 일도 일어나지 않아서
너무 심심하고 재미가 없을 거예요.

갈등은
크게 내적 갈등(인물의 마음속 갈등)과
외적 갈등(인물 밖 갈등)으로 나눌 수 있어요.

내적 갈등

내적 갈등은 인물의 마음속에
두 가지 이상의 생각이 나타나서 생기는 갈등이에요.
저녁에 치킨을 먹을까, 피자를 먹을까 고민하고,
탕수육을 먹을 때 소스를 찍어 먹을까, 부어 먹을까,

학원에 갈까, 하루만 빠질까 생각하는 것처럼
마음속에서 고민하는 것을 말해요.

외적 갈등

외적 갈등은
인물과
그 인물을 둘러싸고 있는
세계와의 갈등이에요.

인물과 인물 간의 갈등

외적 갈등에는
개인과 개인의 갈등, 개인과 사회의 갈등,
개인과 자연의 갈등, 개인과 운명의 갈등이 있어요.

김동리, 〈역마〉 떠돌아다니는 운명을 벗어나보려 하지만 결국 운명을 인정하고 엿장수가 되어 떠난다.

인물이 타고난 운명과 겪는 갈등

이야기의 구성 단계

사건이 진행되는 과정

이야기의 구성 단계는
사건이 진행되는 과정을 의미해요.
이야기의 여러 가지 사건은 시간의 흐름이나
원인과 결과에 따라 짜임새 있게 진행되어요.

이야기는
발단, 전개, 절정, 결말의 4단계로 구성되어 있어요.

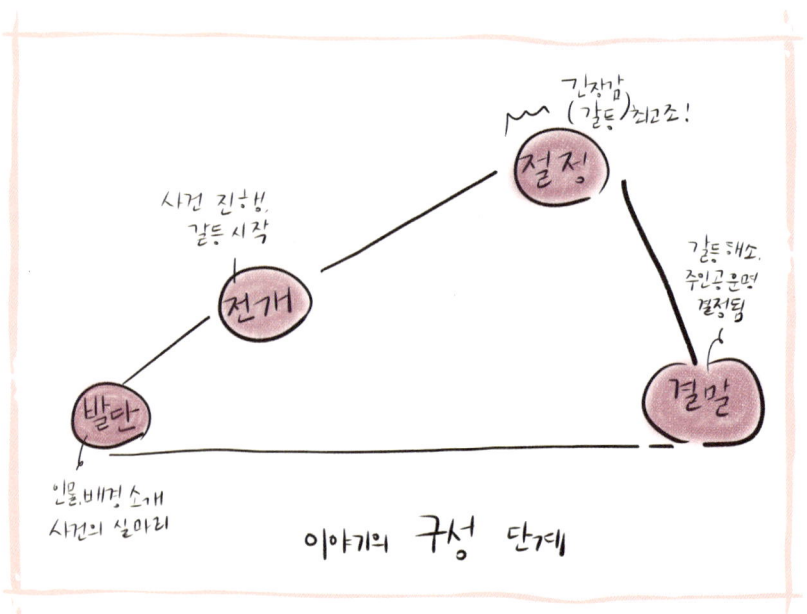

〈주토피아〉에서 발단, 전개, 절정, 결말 살펴보기

발단 등장인물과 배경을 소개하고 사건의 실마리가 나타나는 단계

(예) 주디가 경찰이 되고 싶어 함

전개 사건이 진행되고 갈등이 시작되는 단계

(예) 어렵게 경찰관이 된 주디는 사기를 치는 닉을 만나고, 이성을 잃고 난폭해진 동물들을 같이 수사하게 됨

절정 갈등과 긴장이 최고조에 이르는 단계

(예) 동물들이 난폭해진 이유가 어떤 인물 때문임을 알게 되고 이를 해결하게 됨

결말 인물의 운명이 결정되며 갈등이 해소되고 사건이 마무리되는 단계

(예) 닉과 주디는 계속 함께 경찰 임무를 수행하게 됨

<흥부전>에서 발단, 전개, 절정, 결말 살펴보기

1. 발단

발단 → 인물, 배경 소개. 사건의 실마리 나타남

2. 전개

전개 → 중심 사건이 진행. 갈등이 시작됨

3. 절정

흥부가 부자가 되자 놀부가 제비 다리를 부러뜨린 후 치료를 해줌

절정 → 갈등이 최고조에 이르는 단계

4. 결말

놀부의 박에서는 도깨비들이 나와
놀부의 집을 부수고 사라짐
거지가 된 놀부를 흥부가 도와줌

결말 ~ 갈등 끝, 주인공의 운명 결정됨

복선

앞으로 일어날 사건을 미리 암시하는 것

황순원의
〈소나기〉에서
소녀가 죽기 전에
"난 보랏빛이 좋아."라고 이야기하는데,
여기서 '보랏빛'이
소녀가 죽는 것을
짐작하게 해 주는
복선이에요.

💡 암시 : 직접 드러나지 않게 알려 주든가 짐작하게 해 주는 것

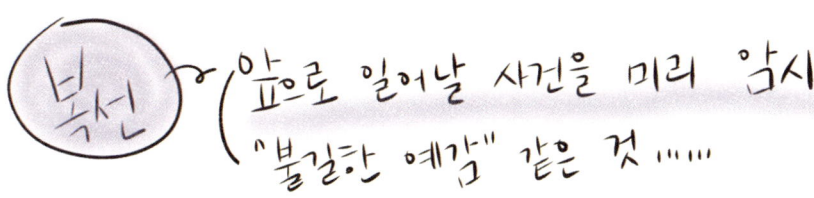

시점

말하는 이가 이야기를 서술하는 관점

시점은
이야기에서 말하는 이(서술자)가
이야기를 서술하는 관점이에요.

같은 사건,
같은 인물이라도
그것을 바라보고
이야기하는 관점에 따라
작품이 달라져요.

시점에는
1인칭 주인공 시점,
1인칭 관찰자 시점,
전지적 작가 시점,
3인칭 관찰자 시점이 있어요.

1인칭 주인공 시점

이야기 속 주인공인 '나'가 이야기를 서술해요.
1인칭 주인공 시점에서는
주인공의 생각이나 느낌을 쉽게 알 수 있어요.
그러나 다른 인물의 마음이나
'나'가 없는 곳에서 일어난 사건은 알 수 없어요.

1인칭 관찰자 시점

서술자가 이야기 속의 주변 인물로,
주인공과 다른 등장인물을 관찰하며
이야기를 서술해요.
주인공의 말과 행동, 사건을 관찰한 대로
나타내고 평가할 수 있어요.
관찰한 내용은 알지만 주인공의 깊은 속마음까지 알기는 어려워요.

전지적 작가 시점

마치 신의 위치에서
등장인물을 내려다보듯이
모든 인물의
마음속 생각이나 행동을 나타낼 수 있고,
모든 사건에 대해
속속들이 이야기할 수 있어요.

3인칭 관찰자 시점

등장인물의
행동이나 말, 겉모습을
객관적으로 나타내는 시점이에요.
이야기 밖에 있는
말하는 이가 겉으로
관찰한 내용만 전달하기 때문에
인물의 생각이나 속마음을 알기 어려워요.

고전소설

〈홍길동전〉처럼 옛날에 쓰인 소설

고전소설은
〈흥부전〉, 〈홍길동전〉처럼
'권선징악'을 주제로 한
작품이 많고,
〈심청전〉처럼
'효'를 주제로 한
작품도 많아요.

'권선징악'은
착하게 산 사람은 복을 받고,
나쁘게 산 사람은
벌을 받는다는 뜻이에요.

💡 권선징악 : 착한 것은 권유하고, 악한 것은 징벌한다.

현대소설

오늘날 쓰인 소설. 1900년대 이후에 쓰인 소설

현대소설은
〈어린 왕자〉,
〈소나기〉와 같이
오늘날 쓰인 소설이에요.

현대소설의 주제는
고전소설과 달리
겉으로 확실하게
드러나지 않는 경우가 많아요.

판소리

소리꾼이 북장단에 맞추어 소리와 말, 몸짓을 섞어 가며 하는 공연

판소리는
대표적으로
〈춘향가〉,
〈심청가〉,
〈흥부가〉,
〈수궁가〉(별주부전 이야기)
등이 있어요.

설화

신화, 전설, 민담과 같은 옛날이야기

설화란
입에서 입으로 전해져 온 옛날이야기를 말해요.

신화는
인간 이상의 능력을 지닌 주인공이 등장하여
뛰어난 능력을 발휘하는 내용의 이야기이지요.
〈단군 신화〉, 〈고주몽 신화〉처럼
주로 나라를 만든 인물의 이야기가 많아요.

전설은
특정 마을, 바위, 연못, 오래된 나무 등
구체적인 장소나 사물에 얽혀 전해 내려오는 이야기예요.

민담은
〈우렁 각시 이야기〉, 〈호랑이와 곶감〉처럼
오래전부터 입에서 입으로 전해 내려온 옛날이야기로,
전설과는 다르게 자세한 시간, 장소, 증거물 등이 나오지는 않아요.

희곡

연극 무대에서 공연을 하려고 쓴 대본

희곡은
연극에서 배우들이
해야 할 대사나 행동을 쓴 글이에요.

행복초등학교 학생들이
〈마법나라 왕자와 요술나라 공주〉 이야기로
연극을 발표하려고 합니다.

몇 백 년 동안
여러 번 전쟁을 해서 서로 사이가
아주 나쁜 나라의
왕자와 공주가
사랑에 빠지는 이야기지요.
이 연극을 공연하기 위해 쓴 대본이
바로 희곡입니다.

희곡의 3요소에는 해설, 대사, 지문이 있어요.

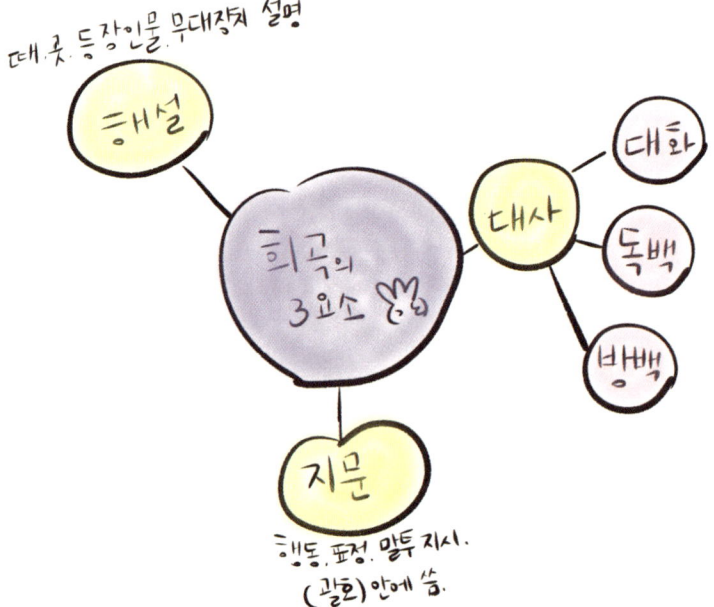

해설 때, 장소, 등장인물, 무대장치 등을 설명해 주는 것

해설은
연극의 시작 부분에서
일이 일어난 때, 곳,
연극의 무대장치나 연극이 시작할 때의 무대 모습,
나오는 사람 등을 설명해 주는 거예요.

―마법나라 왕자와 요슬나라 공주 이야기―

· 때: 가을 🍂
· 곳: 마법 나라, 요슬나라
· 등장인물: 왕자, 공주, 마법사, 시녀, 왕, 왕비, 마녀,

해설 → 때, 곳, 인물, 무대장치 설명

지문 등장인물의 행동, 표정, 말투를 지시한 것

지문은
작가가 등장인물의 행동이나 표정,
말투 등을 지시한 것이에요.

'(두 주먹을 불끈 쥐고 큰 소리로 화를 내며)',
'(눈물을 꾹 참고 떨리는 입술로)'
와 같은 내용이에요.

대사 등장인물의 말

대사는
등장인물끼리 서로 주고받는 대화나
등장인물의 혼잣말 등을 말해요.
대사를 통해 그 인물의 성격과
사건의 내용을 알 수 있어요.

희곡에서 대사는 큰 따옴표(" ") 없이
등장인물의 이름 뒤에 바로 나와요.
(소설에서는 등장인물의 말을 큰 따옴표로 나타내지요.)

희곡의 대사에는 대화, 독백, 방백이 있어요.

대화는
둘 이상의 등장인물이
서로 말을 주고받는 것이에요.

독백은
무대 위에서 등장인물이
혼자 나와 하는 혼잣말이지요.
독백은 등장인물의 속마음을
관객에게 알려주는 거예요.

보름달이 네 번이나 뜰 동안 한 번도 찾아오지 않으셨어......

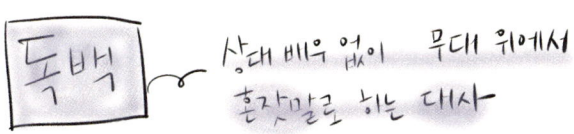

독백 — 상대 배우 없이 무대 위에서 혼잣말로 하는 대사

방백은

다른 인물이 옆에 있지만

그 인물에게는 들리지 않고

관객에게만 들리는 것으로

약속된 대사를 말해요.

방백은 옆에 사람을 두고도 혼자 하는 말로,

옆에 있는 인물은

그 말이 들리지 않는 것처럼 연기를 해요.

관객에게만 들릴 수 있도록

주로 관객을 쳐다보면서

말하는 경우가 많아요.

방백 — 다른 인물이 옆에 있지만 그 인물에게는 들리지 않고 관객에게만 들리는 것으로 약속된 대사

시나리오

영화를 만들기 위해 쓴 대본

시나리오는
대사와 지문으로 영화의 장면이
눈앞에서 펼쳐지는 것처럼 표현해요.

희곡은 연극의 대본이고,
시나리오는 영화의 대본이지요.

시나리오는
희곡보다는 공간의 제약이 적어요.

예를 들어,
영화 〈우리들〉을
연극으로 만든다면
공간의 제약이 있지만,
영화에서는
선이네 집, 지아네 집, 학원, 운동장, 육교, 교실 등
다양한 장소가 등장하고 있어요.

수필(= 에세이)

일상생활 속에서 얻은 생각과 느낌을 자유롭게 쓴 글

수필은
무엇이나 글의 소재가 될 수 있어요.

수필은
글쓴이의 개성이 살아 있는 글이고,
수필의 '나'는 곧 글쓴이 자신이지요.

서점에는
'에세이' 코너가 따로 마련되어 있어요.
이 '에세이'가
수필과 비슷한 글이지요.

문학의 갈래

문학을 일정한 기준에 따라 여럿으로 나눈 것

문학의 갈래는
글의 형태에 따라
운문(짧은 글, 시),
산문(긴 글, 소설)으로
나누기도 하고,

표현 형식에 따라
시, 소설, 희곡, 수필로
나누기도 해요.

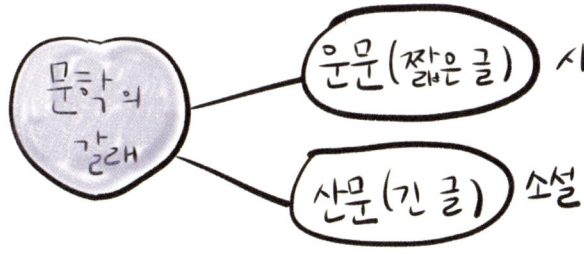

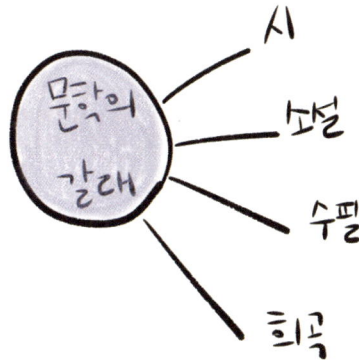

핵심 쏙쏙! 시 개념 지도

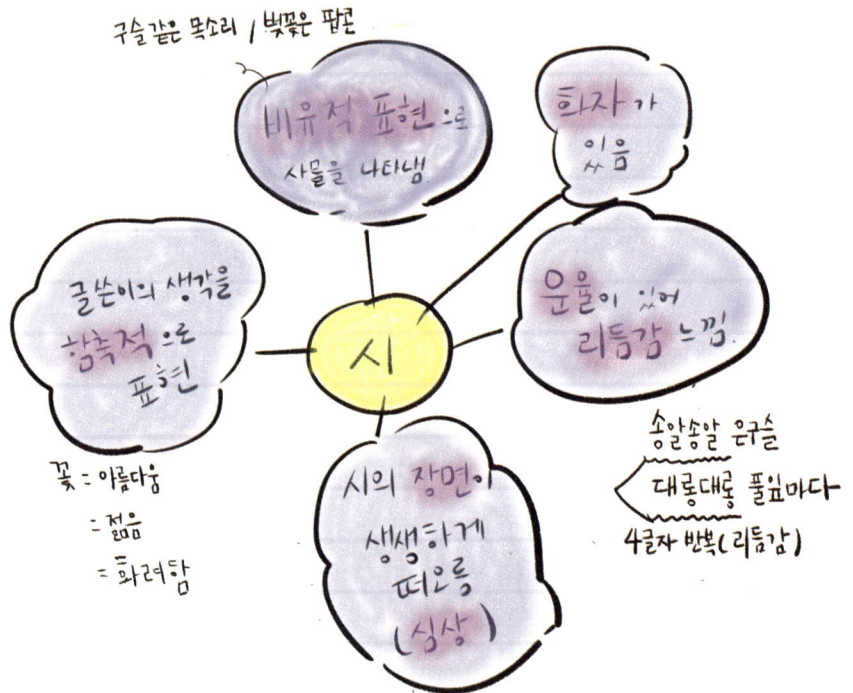

핵심 쏙쏙! 이야기 개념지도

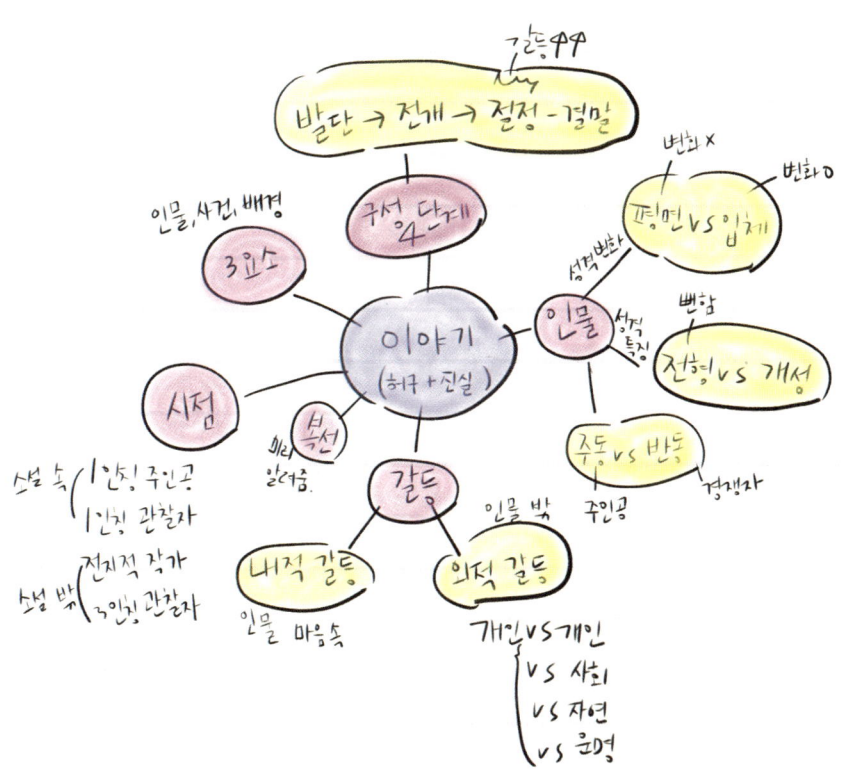

2장

국어 실력의 기본
읽기·쓰기

주제, 소재, 제재　설명하는 글　설명하는 글의 짜임
설명 방법　설명하는 글의 종류　전기문　설득하는 글
논설문　연설문　광고문　제안하는 글　문단
요약　추론　원인과 결과　편지　일기
독서 감상문　매체　쓰기 과정　저작권, 출처

주제, 소재, 제재

주제는 글의 중심 생각으로 글쓴이가 하고 싶은 말
소재는 글의 중심 내용이 되는 재료, 제재는 글의 중심 소재

주제) 글의 중심 생각으로 글쓴이가 하고 싶은 말

〈흥부전〉의 주제는
'착하게 살자.', '권선징악'이에요.

소재(= 글감) 글의 중심 내용이 되는 재료

〈흥부전〉의 소재는
흥부, 놀부, 제비, 박씨, 금은보화, 도깨비 등이 있어요.

제재 글의 중심 소재

여러 가지 소재 중에서
중요한 소재인 제재는 글의 제목이 되기도 하는데,
이 이야기도 제재를 이용하여
〈흥부와 놀부〉라는 제목의 동화로 만들어지기도 했어요.

설명하는 글(= 설명문)

어떤 지식이나 정보를 이해하기 쉽게 풀어서 쓴 객관적인 글

설명하는 글의
목적은
정보 전달이에요.

설명하는 글은
글쓴이의 주장이나 생각이 아닌
사실만을 써야 하고,

읽는 사람이
내용을 잘 이해할 수 있도록
쉽고 자세하게 써야 해요.

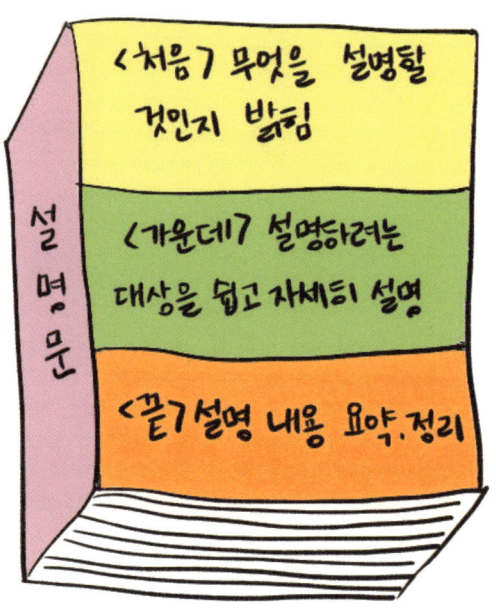

설명하는 글의 짜임

짜임새 있게 설명한 글의 모양

글의 짜임 짜임새를 갖춘 글의 뼈대

비교와 대조 짜임

비교와 대조 짜임은
두 대상의 공통점(같은 점)과
차이점(다른 점)을 중심으로
설명하는 짜임이에요.
'종이책과 전자책', '다보탑과 석가탑'과 같이
두 대상을 비교하는 글을 쓸 때
사용할 수 있는 짜임이에요.

비교와 대조 짜임을 드러내는 말에는
'차이가 있다, 다르다, 이와 달리, 반면에, 비슷하다' 등이 있어요.

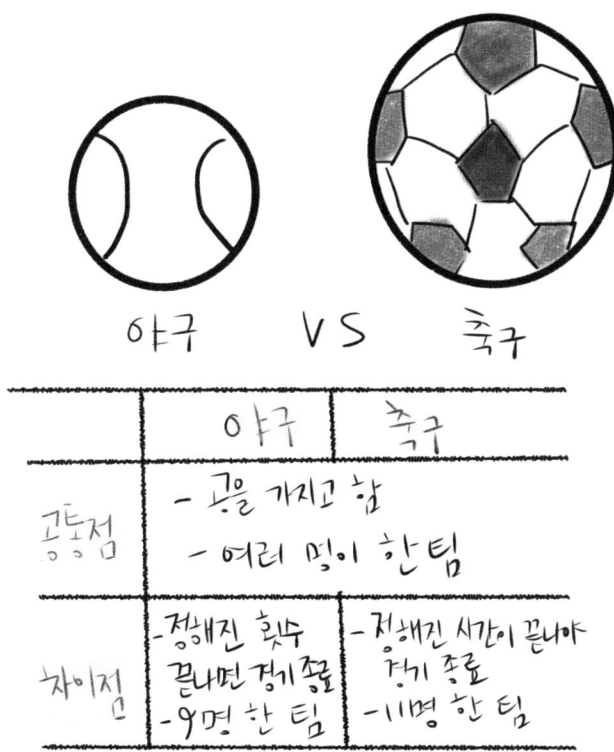

야구 VS 축구

	야구	축구
공통점	- 공을 가지고 함 - 여러 명이 한 팀	
차이점	-정해진 횟수 끝나면 경기종료 -9명 한 팀	-정해진 시간이 끝나야 경기 종료 -11명 한 팀

나열 짜임

나열 짜임은
하나의 주제에 대하여
몇 가지 특징을 늘어놓는
글의 짜임이에요.

'김치의 효능', '세계의 탑', '감성 로봇의 네 가지 특징'과 같이
하나의 주제에 대하여
여러 가지 내용을 늘어놓기 좋은 짜임이에요.

나열 짜임을 드러내는 말에는
'첫째, 둘째, 셋째, 넷째' 등이 있어요.

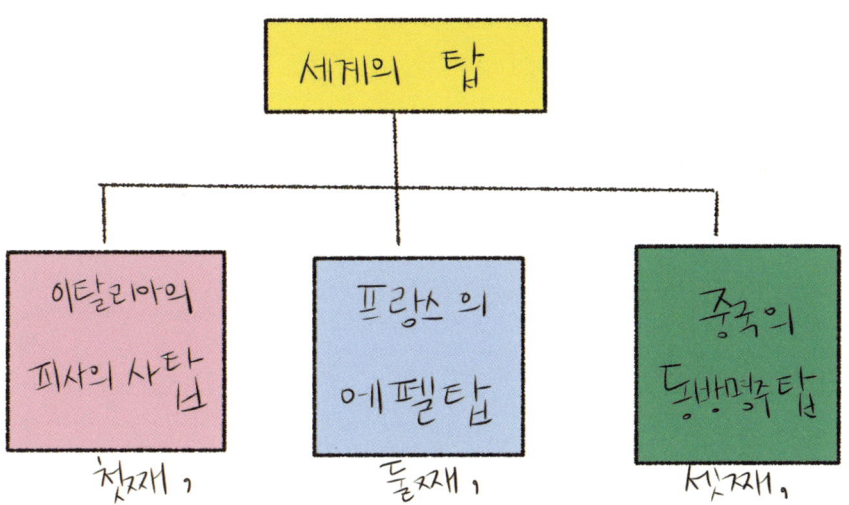

순서 짜임

순서 짜임은
시간이나 공간의 순서에 따라
설명하는 글의 짜임이에요.

한지를 만드는 과정을
순서대로 설명하는 글은
순서 짜임이 어울려요.

순서 짜임을 드러내는 말에는
'맨 처음, ~뒤에, 그리고 ~다음' 등이 있어요.

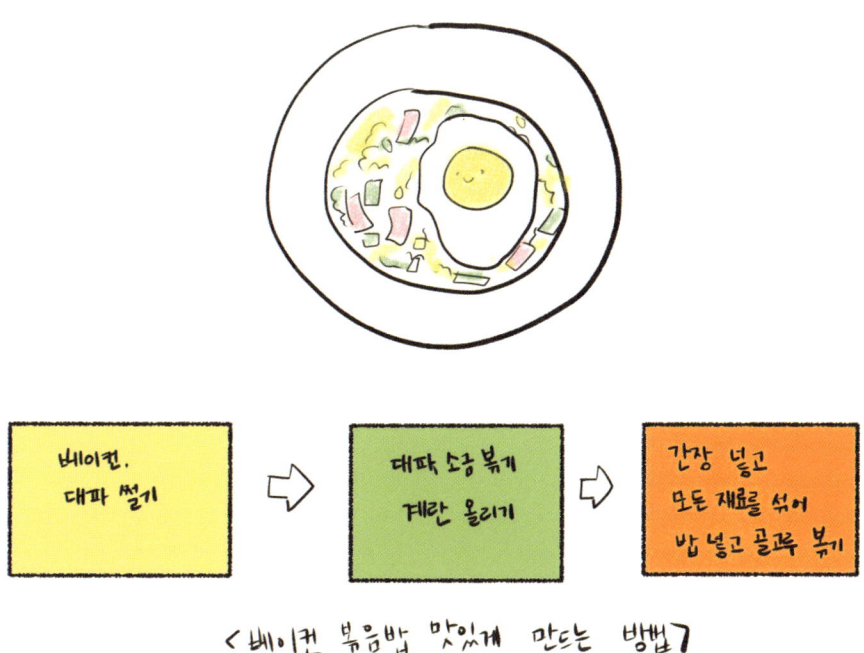

| 베이컨, 대파 썰기 | ⇨ | 대파 소금 볶기 계란 올리기 | ⇨ | 간장 넣고 모든 재료를 섞어 밥 넣고 골고루 볶기 |

〈베이컨 볶음밥 맛있게 만드는 방법〉

설명 방법

대상을 명확하고 자세하게 알려주는 것

설명 방법에는
정의,
예시,
비교,
대조,
열거,
묘사,
분류,
분석
등이 있어요.

정의 뜻을 정확하게 설명하는 방법

어떤 말이나 사물의 뜻을
분명하게 정하여 밝히는 것이에요.
'무엇은 무엇이다.'라고
상세하게 설명하는 것이지요.

(예) 펭귄은
머리와 등이 검고
배가 희며 날지 못하고,
헤엄을 잘 치며
물고기를 잡아먹고 사는
남극 지방의 새이다.

예시 | 구체적인 예를 들어 설명하는 방법

예시는
'예를 들면, 예를 들어'와 같은 표현을
자주 사용해요.

(예) 동물 중에는
서로 협동해서
살아가는 경우가 있다.
<u>예를 들면,</u>
개미는 한 마리가 운반할 수 없는
거대한 먹이를 발견하면
여러 마리가 달려들어 운반한다.

벌은
먹이가 있는
장소를 알려
동료 일벌들과
함께 운반한다.

| 비교 | 두 가지 이상의 대상에서 공통점을 찾아 설명하는 방법

(예) 사자와 호랑이는 맹수라는 공통점이 있다.

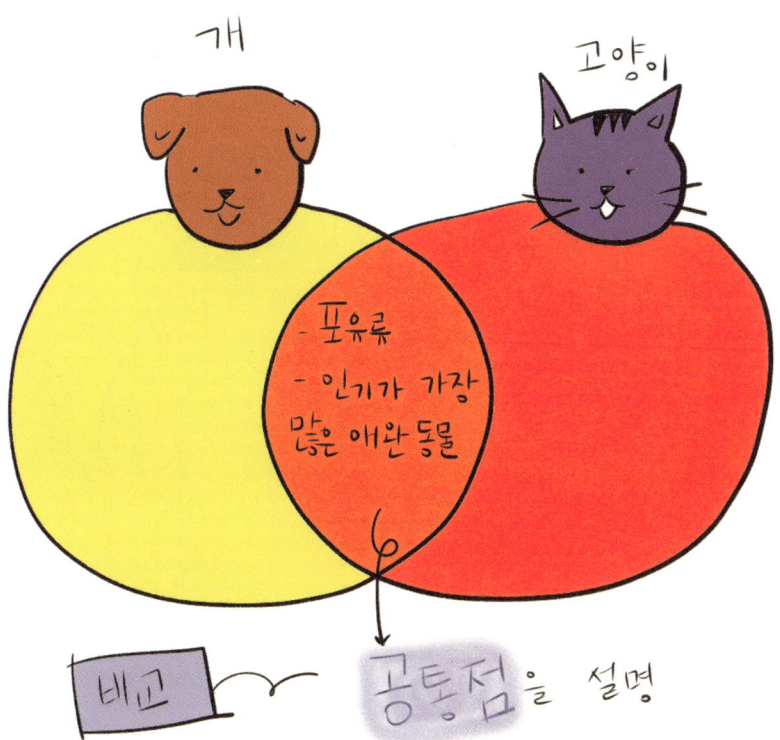

대조 두 가지 이상의 대상에서 차이점을 찾아 설명하는 방법

(예) 호랑이는
혼자서 생활을 하는 반면에,
사자는
무리 지어 생활한다.

열거   설명하려는 대상의 특징을 나열해 설명하는 방법

(예) 내 친구 효주의 좋은 점을 소개합니다.
효주는 친구들의 말에 항상 귀 기울여 주고,
웃는 모습이 예쁩니다.
무엇이든 열심히 하고, 다른 사람을 잘 도와줍니다.
같이 있으면 즐거운 것도 효주의 큰 장점입니다.

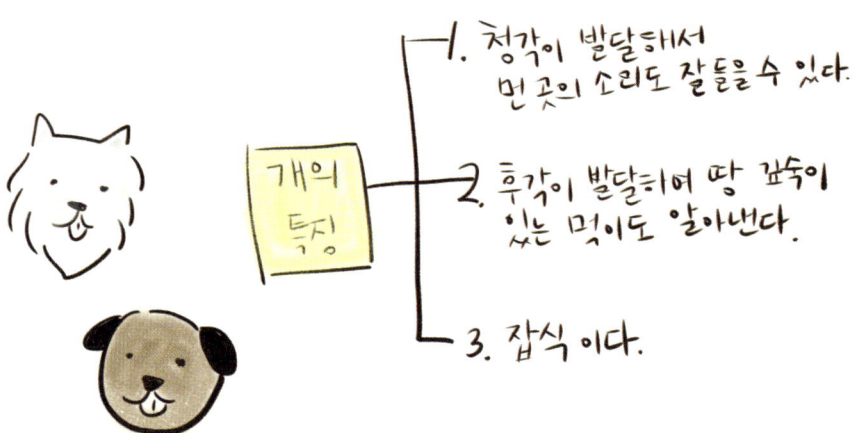

열거 ∝ 대상의 특징 나열

묘사 그림을 그리듯이 생생하게 표현하는 방법

(예) 내 짝꿍은 얼굴이 동그랗고 귀가 작다. 눈썹은 짙고 눈이 크며 코는 큰 편이다. 크게 웃을 때는 잇몸이 보인다.

그녀는 갸름하고 하얀 얼굴에 크고 맑은 눈, 오똑한 코, 얇은 입술이 어울리는 모습이었다. 눈썹은 짙고, 갈색 머리카락은 탐스럽고 곱슬곱슬했다.

묘사 → 그림을 그리듯이   생생하게 설명

분류 일정한 기준에 따라 나누어 설명하는 방법

(예) 악기는

연주 방법에 따라

관악기, 타악기, 현악기로 나눌 수 있다.

〈분류 기준 : 연주 방법〉

쓰레기 분류 기준 : 물건의 재료. 재질

분석 어떤 대상의 전체를 부분으로 나누어 설명하는 방법

(예) 태극기의 모양을 흰색 바탕, 사괘, 태극 문양으로 나눌 수 있다.

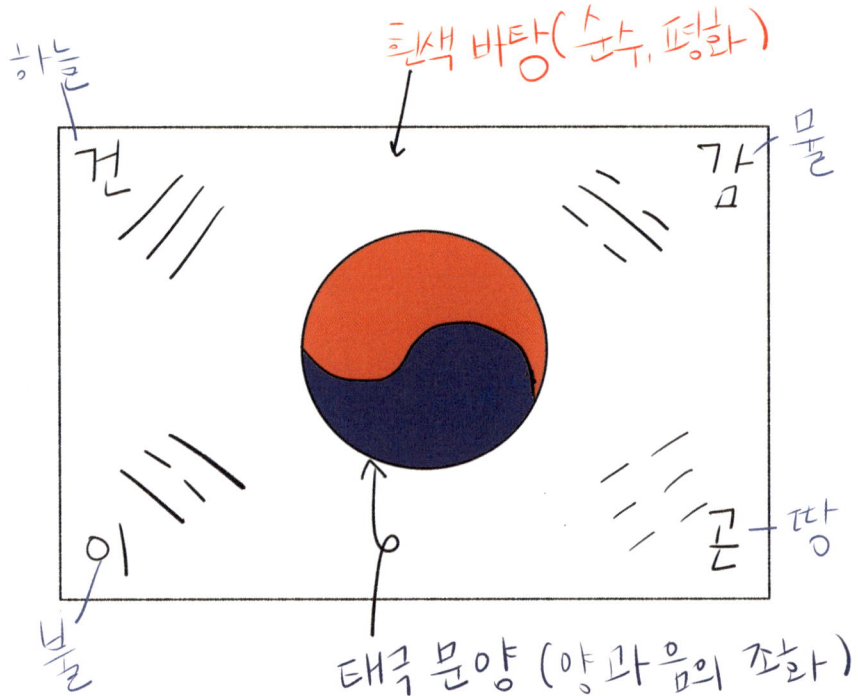

설명하는 글의 종류

기행문, 소개글, 안내문, 보고서, 관찰 기록문, 기사문, 사전 등

설명하는 글에는
기행문, 소개하는 글, 안내문, 보고서,
관찰 기록문, 기사문, 사전 등이 있어요.

기행문 여정을 적고, 여행으로 얻은 견문과 감상을 쓴 글

여정은
여행의 과정이나 일정이에요.
주로 시간과 장소, '~에 도착했다.' '~로 갔다.' 등의 표현이 쓰여요.
(예) 이른 아침에 전주에 도착했다.

견문은
여행하며 보거나 들은 것이에요.
'~를 보았다.', '~라고 한다.' 등의 표현이 쓰여요.
(예) 담양에서 대나무 숲을 보았다.

감상은

여행하며 든 생각이나 느낌이에요.

(예) 대나무 아이스크림을 먹는 시간이 정말 달콤했다.

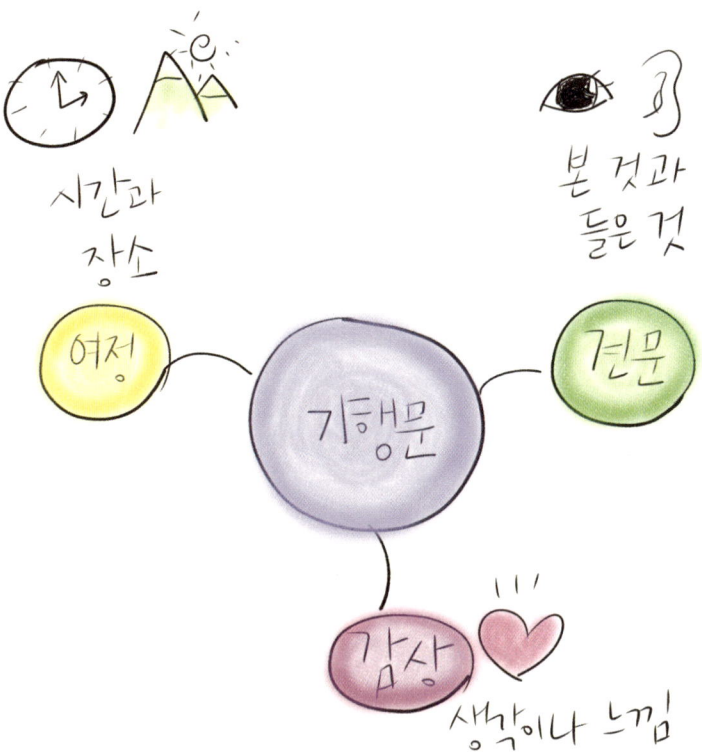

소개하는 글 (= 소개문)   사람이나 물건에 대한 정보를 알려 주는 글

소개하는 글을
쓸 때에는
소개할
사람의 이름과 성별, 모습,
소개할 사람이 좋아하는 것,
소개할 사람이 잘하는 것,
소개할 사람의 좋은 점 등을
쓰면 되어요.

(예) 이번에
새로 제 짝이 된 친구는
문하윤이고 여자아이입니다.
하윤이는 키가 크고 눈썹이 진합니다.
하윤이는
그림을 좋아해서 쉬는 시간마다 그림을 그립니다.
하윤이는 줄넘기를 잘합니다.
우리 반 줄넘기 왕으로 뽑힌 적도 있습니다.

안내문
다른 사람이 알아야 할 내용을 안내하는 글

안내문은

실생활에 도움을 주는 내용을

간결하게 안내하는 글이에요.

아파트 엘리베이터에 붙어 있는 안내문,

공공기관 안내문, 행사 안내문,

유적에 관한 안내문 등을

생활 속에서 볼 수 있어요.

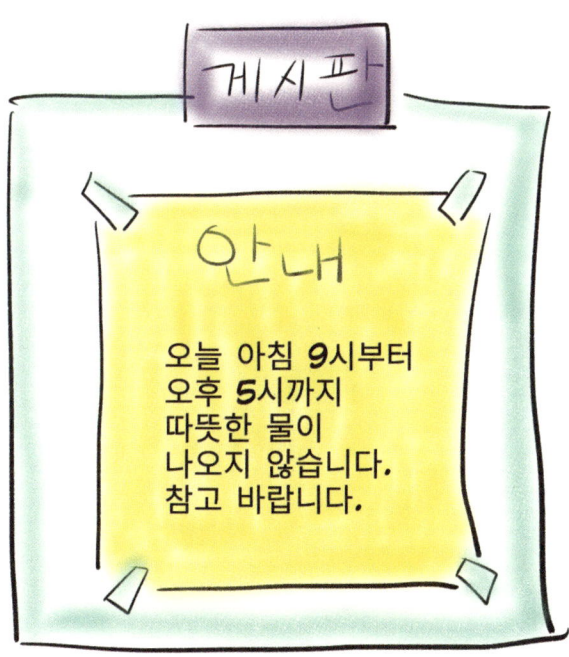

보고서(= 보고문) 연구하거나 조사한 것의 내용이나 결과를 알리는 글

보고서에는

현장 체험을 다녀온 후
체험 내용을 쓰는 체험 학습 보고서,

어떤 주제를 조사한 뒤
결과를 보고하는 조사 보고서,

실험이나 탐구, 연구를 한 후
결과를 보고하는 탐구(연구) 보고서 등이 있어요.

탐구 보고서
고구마를 물에 담가두면 어떻게 될까?

기른 기간	20XX년 XX월 ~ XX월
기른 장소	교실 창가
탐구 방법	이틀에 한 번씩 뿌리, 줄기, 잎 관찰 기록
탐구 결과	시간이 지나면서 뿌리, 줄기, 잎이 나고 개수가 늘어나면서 길이도 길어진다.

기사문 사실을 여러 사람에게 알리기 위해 신문이나 방송의 기사로 쓴 글

기사문의 제목은
읽는 이가
관심을 가질 만한 것으로 정해야 하고,
내용은 '육하원칙'에 따라
자세하게 써야 해요.

> 행복신문   2020년 7월 1일
>
> 4학년 학생들이 가장 좋아하는 운동
>
> 지난 6월 1일부터 6월 15일까지 우리 학교
> 4학년 학생 200명을 대상으로 좋아하는 운동을
> 조사했다.
> 그 결과 축구 7명, 야구 40명, 농구 30명, 피구

'육하원칙'은

신문의 기사나 방송 보도문을 쓸 때

'누가, 언제, 어디에서, 무엇을, 어떻게, 왜' 했는지

여섯 가지를 밝혀야 하는 원칙입니다.

전기문

한 인물의 생애와 업적을 사실에 바탕을 두어 기록한 글

전기문에 나온 내용은
실제 인물에 대한 이야기이기 때문에
실제로 있었던 사실이에요.
위인들의 전기문을 읽으면서
감동과 교훈을 얻을 수 있어요.

전기문에는
인물의 출생, 성장, 인물의 활동과 업적,
인물에 관련된 일화,
인물이 살았던 때의 시대적 배경,
인물에 대한 글쓴이의 생각이나 평가 등이
기록되어 있어요.

전기문 <김만덕>

제주도 백성이 굶어 죽을 위에 처했을 때 김만덕은 자신이 가진 전재산을 들여 육지에서 곡식을 사 왔고, 굶주린 사람들에게 나누어 주었습니다.

설득하는 글

어떤 주제에 대한 자기의 생각이나 주장을 체계적으로 밝혀 쓴 글

설득하는 글은
글쓴이의 주장과
이를 뒷받침하는 근거로 되어 있어요.

주장 어떤 문제에 대해 내세우는 생각이나 의견

근거 어떤 주장이나 의견에 대한 이유

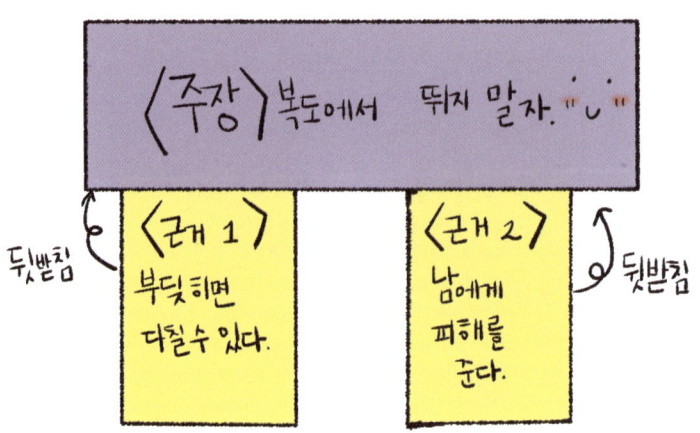

설득하는 글을 읽는 방법

글쓴이의
주장과
그에 대한 근거를
파악하며 읽고,
주장에 대한
근거가 타당한지 판단하며
비판적으로
읽어야 해요.

논설문

자신의 주장이나 의견을 설득하는 글

논설문의 짜임

논설문은
'서론 - 본론 - 결론'으로
이루어져 있어요.

서론	글을 쓴 문제 상황과 글쓴이가 글 전체에서 내세우는 주장을 분명하게 밝힌다.
본론	글쓴이의 주장에 대한 근거와 근거를 뒷받침하는 예나 자료를 제시한다.
결론	글의 전체 내용을 요약하고 글쓴이의 주장을 다시 한 번 강조한다.

연설문

많은 사람들 앞에서 자신의 생각을 발표하기 위해 쓴 글

연설문은

여러 사람 앞에서

말하기 위한 것이므로

높임말을 쓰고

듣는 이의 특징과

연설 시간을 고려해야 해요.

〈예시〉

"네 소원이 무엇이냐?" 하고 하느님이 물으시면 나는 서슴지 않고 "내 소원은 대한 독립이오." 하고 대답할 것입니다. "그다음 소원이 무엇이냐?" 하면 나는 또 "우리나라의 독립이오." 할 것이요, 또 "그다음 소원이 무엇이냐?" 하는 세 번째 물음에도 나는 더욱 소리를 높여서 "나의 소원은 우리나라 대한의 완전한 자주독립이오." 하고 대답할 것입니다. 나는 우리의 힘으로, 특히 교육의 힘으로 반드시 이 일이 이루어질 것을 믿습니다. 우리나라의 젊은 남녀가 다 이 마음을 가진다면 꼭 이루어질 것입니다.

김구, 〈나의 소원〉

↗ 흥미를 끄는 내용으로 시작

"네 소원이 무엇이냐?" 하고
하느님이 물으시면

"내 소원은
대한독립이오."
하고
대답할
것입니다.
〰️
높임말
사용

나는 우리의 힘으로,
특히 교육의 힘으로
반드시 이 일이
이루어 질것을
믿습니다.
↙
희망찬 내용으로
마무리

광고문

사람들에게 정보를 알려 주며 설득하는 글

광고 표현의 적절성을 판단하는 방법

광고문을 읽을 때에는
과장하거나 감추는 내용이 무엇인지 살펴봐야 해요.
소비자의 판단력을 흐릴 수 있는 내용은
주의해야 합니다.

허위 광고 있지도 않은 상품 기능을 있는 것처럼 설명하는 광고

과장 광고 상품 기능을 실제보다 부풀리는 광고

공익 광고 모두의 이익을 위해 가치 있는 내용을 알리는 광고

(예) 금연 광고, 학교폭력예방 광고, 환경보호 광고

낙하산 책가방

세계에서 가장 가벼운 책가방!

20권을 넣어도 절대 찢어지지 않는 튼튼함!

20권 넣으면 찢어질 수도 있어서 과장된 표현.

더 가벼운 가방이 있을 수 있어서 과장됨.

품질을 인정 받아
세계 여러 나라로 수출하고 있음.

어떤 나라로 수출하는지 정보 필요

제안하는 글

어떤 일을 더 좋은 쪽으로 해결하기 위하여 의견을 내는 글

제안하는 글에 들어가는 내용

- 문제 상황
- 제안하는 내용
- 제안하는 까닭

제안하는 글에 사용하는 표현

~합시다.

~하자.

~하면 좋겠습니다.

~하면 어떨까요?

↪ 문제 상황

| 운동장에 버려진 쓰레기가 많다.

| 운동장에 쓰레기통을 설치하자.

↪ 제안하는 내용
| 잘 보이는 곳에 쓰레기통이 있으면 학생들이 쓰레기를 쓰레기통에 버릴 것이다.
↪ 제안하는 까닭

문단

여러 개의 문장이 모여 하나의 생각을 나타내는 글의 단위

문단의 특징

문단의 내용을 대표하는
하나의 중심 문장과
중심 문장을 구체적으로 설명하는
여러 개의 뒷받침 문장으로 이루어져 있어요.

각 문단을 시작할 때에는
한 칸을 들여 써야 해요.
한 문단이 끝나면
줄을 바꾸어 새롭게 문단을 씁니다.

중심 문장   문단의 내용을 대표하는 문장

뒷받침 문장 중심 문장을 구체적으로 설명하는 문장

문단 = 중심 문장 + 뒷받침 문장 + 뒷받침 문장 ……

각 문단을 시작할 때에는 한 칸을 들여 쓴다.

  중심 문장 (1문단)   뒷받침 문장 ①
∨ 우리 반 학생들은 예의가 바르다. 선생님, 친구들과 서로 반갑게 인사를 잘한다.
  그리고 바른말, 고운 말을 사용한다. 서로 양보도 잘한다. ← 뒷받침 ③
         뒷받침 ②

∨ 우리 반 학생들은 모두 무엇이든지 최선을 다해서 열성이 강하다. 학예회 때 한 마음이
  되어 리코더 연습을 계속… 중심 문장 (2문단)   뒷받침 ①

↓ 한 문단이 끝나면 줄을 바꾸어 새로운 문단을 쓴다.

〈우리 반의 좋은 점〉

147

요약

중심 내용을 간추리는 것

글을 요약하는 방법

1. 각 문단의 중심 문장 찾기

2. 중요하지 않은 내용은
지우고,
세부 내용은
대표하는 말로 바꾸어
중심 내용을 정리하기

요약하기

미션 1! 각 문단의 중심 문장에 밑줄 치기

대화의 종류 중에서 얼굴을 보고 하는 대화가 있다. 직접 만나서 표정과 말투를 보고 서로를 살필 수 있는 대화이다. 상대방의 기분을 살피 쉽다는 장점이 있다.
대화에는 온라인 대화도 있다. 스마트폰 채팅창이나 누리 소통망을 이용한 대화이다. 이모티콘 등으로 표정을 나타내며, 멀리 있어도 대화를 나눌 수 있다.

미션 2! 중심 문장으로 내용 간추리기

대화의 종류에는 얼굴을 보고 하는 대화와 온라인 대화가 있다.

추론

이미 알려진 정보를 근거로 삼아 드러나지 않은 부분을 짐작하는 것

추론하며
글을 읽는다는 것은
직접 드러나지 않은
내용을
글의 앞뒤 사실로
미루어 생각하며
읽는 방법이에요.

원인과 결과

하나의 사건(원인)이 다른 사건(결과)을 일으키는 것

원인 어떤 일이 일어난 까닭

결과 원인으로 인해 일어난 일

하윤이는 날마다 달리기 연습을 열심히 했다.(원인)
→ 달리기 대회에서 좋은 성적을 거두었다.(결과)

편지

안부와 소식을 전하기 위해 쓴 글

편지에 들어갈 내용

받을 사람 - 첫인사 - 전하고 싶은 말 - 끝인사 - 쓴 날짜 - 쓴 사람

하진이에게

하진아, 안녕? 나 수연이야.
지난 번 수학 시험 시간에 내 지우개가 갑자기 사라졌을 때
네가 지우개를 빌려주었잖아.
그때 많이 당황했었는데 네 덕분에 위기를 넘길 수 있었어. 정말 고마워.
우리, 앞으로도 사이좋게 지내자.

20XX년 4월 20일
네 친구 수연이가

일기

하루 동안 자기가 겪은 일과 감상을 매일 적은 글

일기는
'오늘 1교시는 국어 수업을 했다.
2교시는 수학 수업이었다.
3교시는 체육 시간에 피구를 했다.'처럼
있었던 일을 다 쓰는 것보다
한 가지 일을 중심으로
자세히 쓰는 것이 좋아요.

한 일만 쓰는 것보다
생각과 느낌을 자세하게 쓰는 게 좋아요.
즐거웠던 일, 재밌었던 일을 쓸 수도 있고,
속상했던 일, 슬펐던 일, 놀랐던 일, 화가 났던 일 등
다양한 감정이 담긴 일을
주제로 쓸 수 있어요.

독서 감상문(= 독후감)

책을 읽으며 했던 생각이나 책에서 받은 감동을 글로 나타낸 것

독서 감상문 쓰는 방법

1. 책 내용을 떠올린다.
2. 인상 깊은 장면이나 내용을 정한다.
3. 책에 대한 생각이나 느낌을 정리한다.
4. 독서 감상문에 알맞은 제목을 붙인다.

매체

어떤 사실을 널리 전달하는 수단이 되는 것

인쇄 매체 자료   신문, 잡지, 사보, 전단, 팸플릿, 포스터 등

영상 매체 자료   영상을 통해 보여지는 매체로 TV, 영화, 비디오, 인터넷 영상 등

인터넷 매체 자료   누리 소통망(SNS), 휴대전화 문자 메시지, 인터넷 신문, 인터넷 방송 등

대중 매체   신문, 잡지, 텔레비전과 같이 많은 사람에게 동시에 많은 정보를 전달하는 도구

💡 누리 소통망[SNS] : 소셜 네트워크 서비스[SNS]를 다듬은 말로, 온라인에서 자유롭게 글이나 사진 따위를 올리거나 나누는 것

쓰기 과정

글을 쓰는 흐름

① 계획하기

글을 쓰는 목적과 주제 정하기

② 내용 떠올리기

생각나는 대로 얼른 쓰기

③ 내용 조직하기

개요 짜기

④ 표현하기

개요를 바탕으로 초고(처음 쓴 글) 쓰기

⑤ 고쳐 쓰기

잘못된 부분, 어색한 부분, 맞춤법 등 고쳐 쓰기

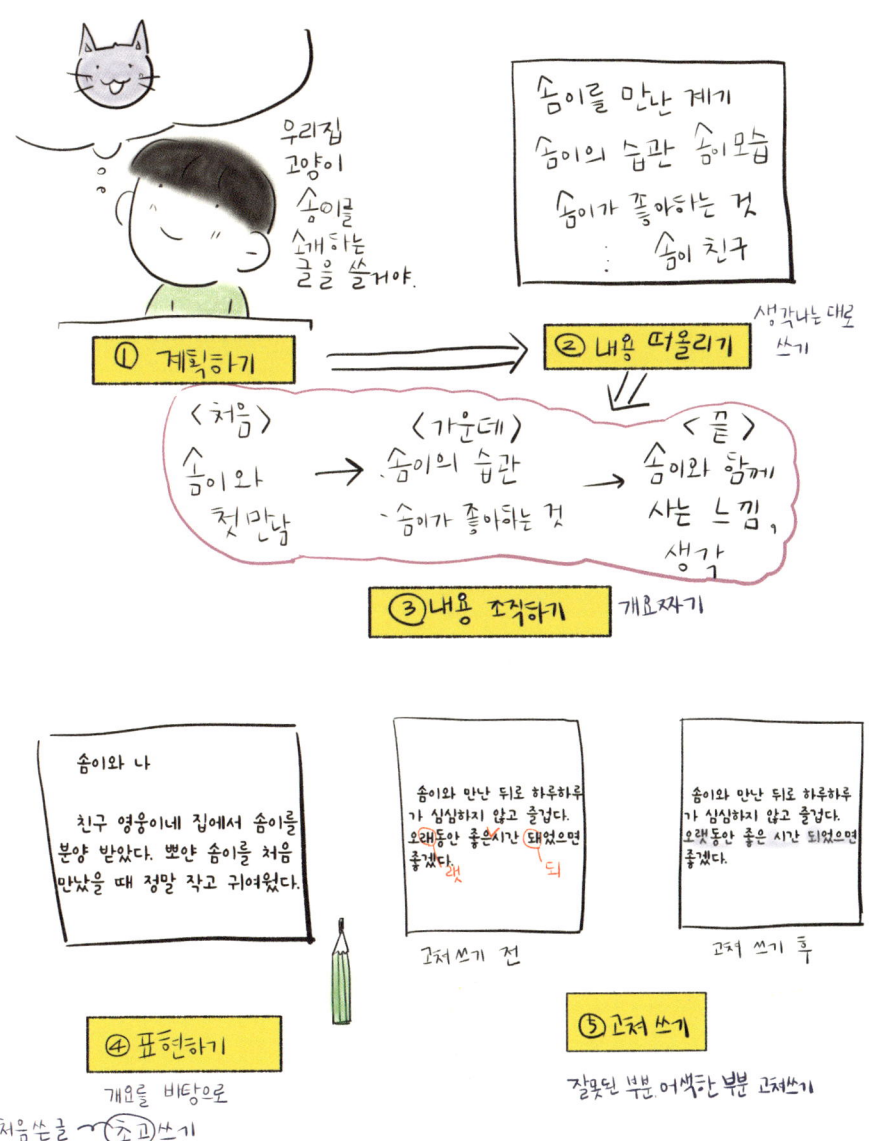

저작권, 출처

저작권은 창작물을 만든 이의 법적 권리, 출처는 활용한 정보가 나온 장소

저작권

사람의 생각과 감정을
표현한 창작물에 대하여
그것을 만든 사람이 가지는 권리예요.

출처

말이나 글, 사진 등의 창작물을 가지고 온 곳이에요.
책이나 인터넷, 신문에서
글, 사진, 그림, 영상 등
다른 사람의 창작물을 가지고 올 때에는
출처를 꼭 밝혀야 해요.

핵심 쏙쏙! 설명하는 글 개념 지도

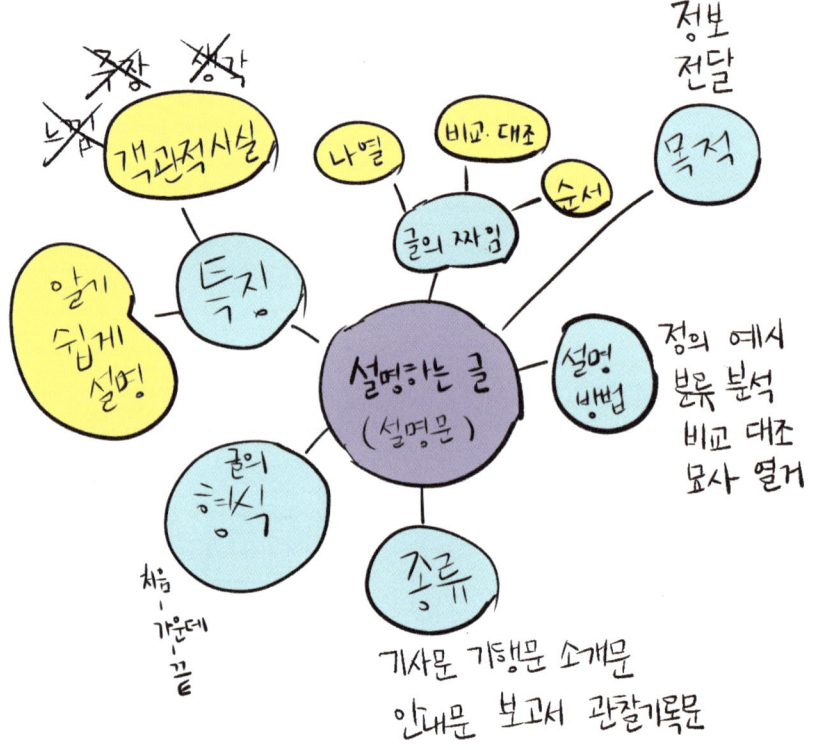

핵심 쏙쏙! 읽기·쓰기 개념 지도

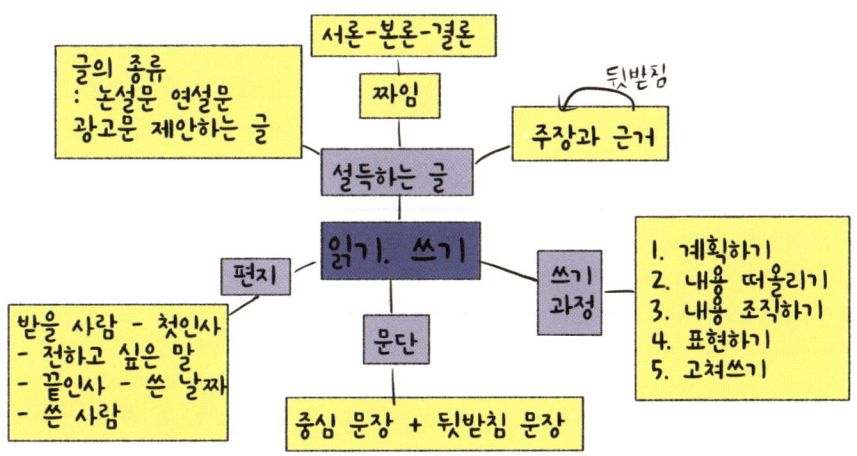

167

3장

귀 기울여 듣고 자신 있게 말하는
듣기·말하기

의사소통　대화　발표　비언어적 표현
토론　토의　회의　면담

의사소통

서로 생각이나 느낌, 정보 등을 주고받는 일

화자 의사소통에서 말하거나 쓰는 사람

청자 의사소통에서 듣거나 읽는 사람

어제 놀이공원에 다녀왔어.

화자
(말하는 사람)

청자
(듣는 사람)

대화

서로 마주하고 이야기를 주고받는 의사소통

대화의 특성

- 상대방을 직접 보면서 말을 주고받는다.
- 표정, 몸짓, 말투에 따라 기분이나 생각을 짐작할 수 있다.
- 상대방의 마음을 살피며 말해야 한다.

누리 소통망[SNS] 대화

- 얼굴을 보지 않아도 대화할 수 있다.
- 멀리 떨어져 있어도 소통할 수 있다.
- 글자로 대화한다.

발표

어떤 사실이나 생각을 여러 사람 앞에서 말하는 것

새 학기가 되어
친구들 앞에서
자기소개를 하는 경우를 떠올려 봐요.

수업 시간에
선생님의 질문에
손을 들고 일어나서 대답하거나
친구들 앞에서 조사한 내용을 설명하는 것처럼,
발표는 어떤 사실을 다른 사람 앞에서
알리는 거예요.

여러 사람 앞에서
공적으로 말하는 것이기 때문에
연설할 때처럼 높임말을 써야 해요.

제 이름은
박지훈입니다.
제가 좋아하는 것은
고양이, 축구, 수학입니다.

💡 공적(公的) : 국가나 사회에 관계되는 것

비언어적 표현

언어가 아닌 몸짓, 손짓, 표정, 시선, 자세 등으로 생각이나 느낌을 나타내는 것

해외여행에 가서
외국인과 말이 통하지 않을 때
손짓으로만 설명해도 통하는 경우가 있잖아요.
이런 게 바로 비언어적 표현이에요.

대화할 때
표정이나 몸짓, 시선 같은
비언어적 표현을 함께 사용하면,
말로만 표현했을 때보다
더 풍부하게 생각을 전달할 수 있어요.

토론

어떤 주제에 대하여 찬성과 반대로 나누어 주장하는 말하기

논제 토론의 주제

토론 절차 주장 펼치기 – 반론하기 – 주장 다지기

토론 절차	토론 방법
주장 펼치기	근거를 들어 주장을 펼친다. 근거와 관련해 구체적인 자료를 제시한다.
반론하기	상대편의 주장을 요약한다. 상대편의 주장이 타당하지 않다는 것을 밝히기 위한 질문을 한다. 주장에 대한 근거나 그에 대한 자료가 타당하지 않다는 것을 밝힌다.
주장 다지기	자기편의 주장을 요약한다. 상대편에서 제기한 반론이 타당하지 않음을 지적한다. 자기편 주장의 장점을 정리한다.

주장 펼치기(입론) 토론에서 자신의 주장과 근거를 펼치는 것

반론하기 상대편의 주장과 근거, 근거 자료에 오류가 있는지 따져 보는 것

주장 다지기 상대편의 반론이 타당하지 않음을 증명하면서 자신의 주장과 근거를 다지는 것

- 논제

  『일상생활에서 줄임말을 써도 되는가?』

- 입장

  <반대 측> : 일상생활에서 줄임말을 쓰면 안 된다.

- 찬성 의견에 반론하기

  <찬성 측> : 줄임말을 쓰면 친구끼리 친밀감을 느낄 수 있다.

  <반론>   : 인터넷이나 스마트폰을 자주 하지 않는 친구는 줄임말을 몰라서 소외감을 느낄 수 있다.

■ 주장 다지기

줄임말을 쓰면 어른들이나 줄임말을 모르는 친구와 대화가 단절될 수 있으며, 소중한 우리말을 파괴할 수 있기 때문에 일상생활에서는 줄임말을 사용하면 안 된다.

■ 근거 자료

학생들 면담 자료, 줄임말 사용 빈도 설문 조사

토론에서 주장을 뒷받침하는 근거 자료

근거 자료에는
도표나 통계 자료,
면담 자료, 설문 조사 자료 등이 있어요.
출처를 꼭 밝히고 사용하도록 해요.

판정단

토론자들의 주장과 근거에 대한
타당성을 따져
찬성과 반대의 승패를
가리는 사람들이에요.

💡 오류 : 잘못된 생각이나 지식

토의

어떤 문제에 대한 가장 좋은 해결 방법을 찾기 위해 여럿이 함께 협의하는 것

가장 좋은 해결 방법을 찾기 위해
여럿이 의논할 수 있는 주제가
토의 주제로 적합해요.

(예) 급식 시간에 음식물 쓰레기를 줄이는 방법

토의 절차

토의 주제 마련하기 - 의견 마련하기 - 의견모으기 - 의견 결정하기

토의 절차	토의 방법
토의 주제 마련하기	토의 주제로 알맞은 주제 결정하기
의견 마련하기	토의 주제에 맞게 자신의 의견 쓰기 그 의견이 좋은 까닭 쓰기
의견 모으기	친구들과 의견 주고받기 각 의견의 장·단점 찾기 의견이 알맞은지 판단하기
의견 결정하기	기준에 따라 가장 알맞은 의견으로 결정하기

토의에서 의견을 결정하는 기준

1. 토의 주제에 맞는 의견인가?
2. 알맞은 주장과 근거를 든 의견인가?
3. 실천할 수 있는 의견인가?

회의

여럿이 모여 어떤 일에 대해 의논하는 것

참여자 사회자, 회의 참여자, 기록자

회의 절차 개회 - 주제 선정 - 주제 토의 - 표결 - 결과 발표 - 폐회

개회

사회자 : 제 3회 학급회의를 시작하겠습니다.

주제 선정

사회자 : 이번 주 학급회의 주제를 무엇으로 하면 좋은지 말씀해 주십시오.
회의 참여자 : 요즈음 교실이 지저분한 모습이 자주 보입니다. "깨끗한 교실을 만들자."를 주제로 제안합니다.

주제 토의

사회자: 깨끗한 교실을 만들려면 실천해야 할 일이 무엇인지 발표해 주십시오.

회의 참여자: 1인1역 활동을 각자 성실하게 했으면 좋겠습니다.

표결   사람들에게 찬성 또는 반대의 의견을 물어 그 수에 따라 결정하는 방법

사회자: 지금까지 나온 의견에서 실천 내용을 정하겠습니다. "집에 가기 전에 3분 청소를 하자."에 찬성하는 분 손을 들어주십시오.

7 결과 발표

사회자 : 이번 주 학급회의 주제는 "깨끗한 교실을 만들자."이고, 실천 내용은 "집에 가기 전에 3분 청소를 하자."로 정했습니다.

폐회

사회자 : 이상으로 학급 회의를 마치겠습니다.

재청 다른 사람의 의견에 찬성한다고 표시하는 말

면담(= 인터뷰)

서로 만나서 얼굴을 보고 이야기하는 것

면담을
할 때에는
간단하고
정확하게 질문하고,
예의 바르게
행동해야 해요.
수첩, 카메라나 녹음기 등을
준비해서
면담한 내용을
정리하는 게 좋아요.

핵심 쏙쏙! 듣기·말하기 개념지도

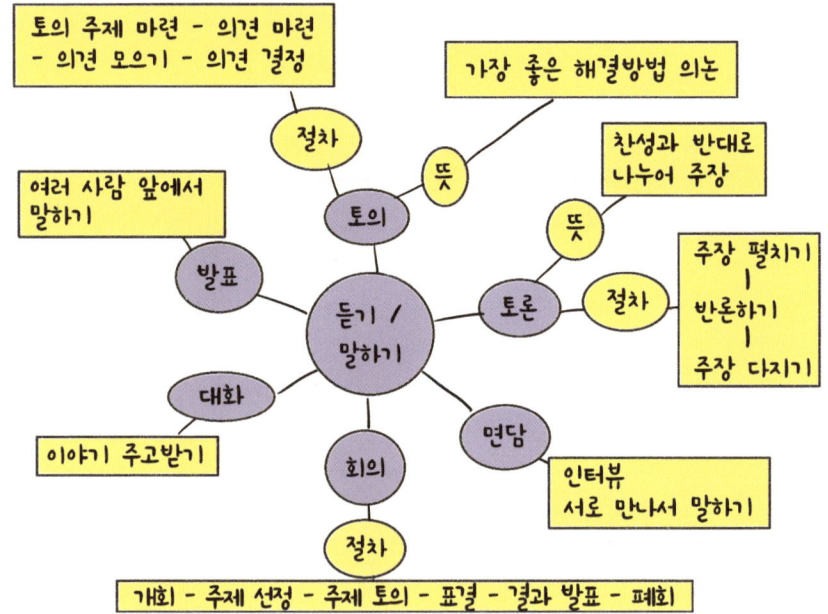

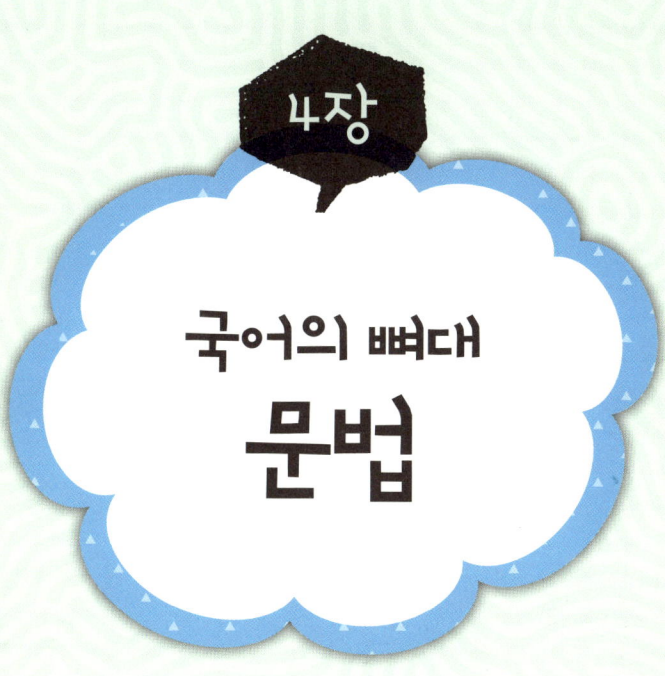

4장
국어의 뼈대
문법

언어의 특성 언어의 기능 음운 품사
문장 성분 문장의 종류 낱말 사이의 의미 관계
낱말을 만드는 방법 고유어·한자어·외래어 관용어

※ 문법 : 말소리, 낱말, 문장 등을 쓰는 일정한 규칙입니다.

언어의 특성

기호성, 자의성, 창조성, 사회성, 역사성, 법칙성

기호성 언어의 뜻(의미)과 문자(말소리)가 결합되어 하나의 기호로 나타나는 특성

신발(기호) = 뜻 + [신발] 말소리

자의성 언어의 뜻과 문자가 특별한 관계가 없이 자기 방식대로 결합되는 특성

(예) '개'라는 같은 뜻을 가지고 있는 문자가 나라마다 다르다.
  - 우리나라(개), 미국(도그, dog)

창조성 언어를 가지고 무한한 표현이 가능함

시장에 가면
가방도 있고
모자도 있고

목걸이도 있고
생선도 있고
야채도 있고
...

'시장에 가면'으로
말을 엄청 많이
만들 수 있네.

사회성 언어는 그 언어를 사용하는 사람들 사이의 약속

(예) '달'을 보고 자기 마음대로 '해'라고 부르면 뜻이 제대로 전달되지 않음.
'달'이 국어를 사용하는 사람들 사이의 약속임.

역사성 시간의 흐름에 따라 언어도 변함

(예) '어여쁘다'의 뜻 : '불쌍하다'에서 '예쁘다'로 시간이 지나면서 바뀜.

법칙성(규칙성) 언어에는 일정한 법칙(규칙)이 있음

언어의 기능

정보적 기능, 명령적 기능, 친교적 기능, 정서적 기능

정보적 기능 말을 통해 정보를 전달

(예) "우리 동네 약국은 8시면 문을 닫아."

명령적 기능 듣는 이가 어떤 행동을 하도록 요구할 수 있음

(예) "수업 시간에는 조용히 해 줘."

친교적 기능 말을 통해 친밀한 관계를 만들 수 있음

(예) "만나서 정말 반가워!"

정서적 기능 말을 통해 감정이나 태도를 표현할 수 있음

(예) "아, 정말 기뻐!", "너무 슬퍼."

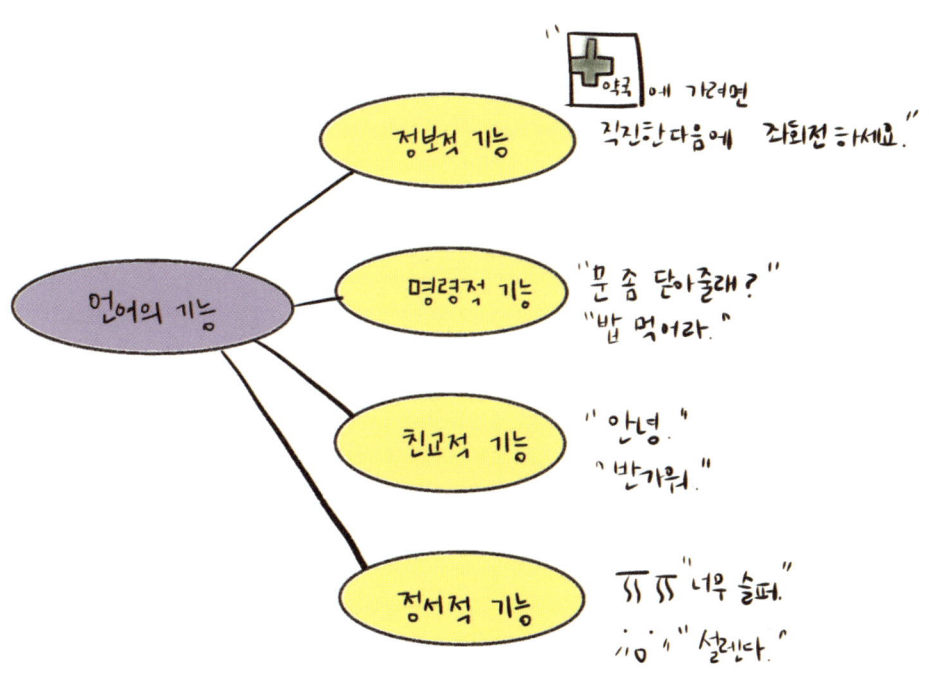

음운

말의 뜻을 구별해주는 소리의 가장 작은 단위
자음과 모음

자음 모음과 함께 있어야 소리 낼 수 있음

ㄱ,ㄴ,ㄷ,ㄹ,ㅁ,ㅂ,ㅅ,ㅇ,ㅈ,ㅊ,ㅋ,ㅌ,ㅍ,ㅎ,ㄲ,ㄸ,ㅃ,ㅆ,ㅉ

모음 홀로 소리 낼 수 있음

ㅏ,ㅑ,ㅓ,ㅕ,ㅗ,ㅛ,ㅜ,ㅠ,ㅡ,ㅣ,ㅐ,ㅒ,ㅔ,ㅖ,ㅘ,ㅙ,ㅚ,ㅝ,ㅞ,ㅟ,ㅢ

예사소리 자음 중에서 약하게 나오는 소리

ㄱ,ㄴ,ㄷ,ㅂ,ㅅ,ㅈ,ㅎ

(예) 단단하다,

된소리 자음 중에서 강하고 단단하게 나오는 소리

ㄲ, ㄸ, ㅃ, ㅆ, ㅉ

(예) 딴딴하다.

거센소리 자음 중에서 거칠게 나오는 소리

ㅋ, ㅌ, ㅍ, ㅊ

(예) 탄탄하다.

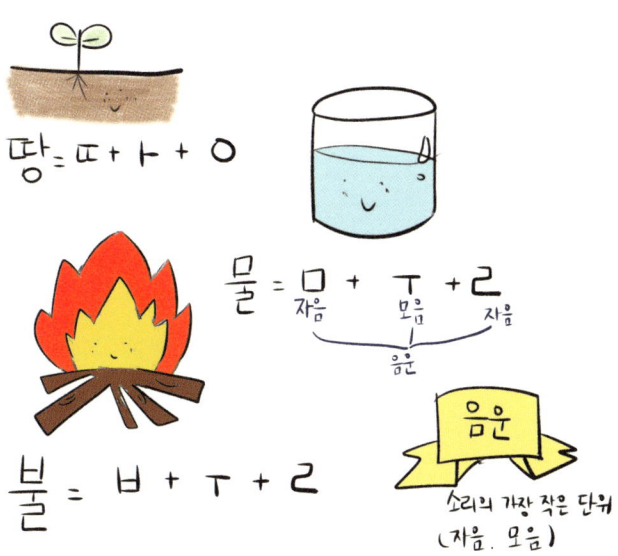

땅 = ㄸ + ㅏ + ㅇ

물 = ㅁ + ㅜ + ㄹ
  자음 모음 자음
     음운

불 = ㅂ + ㅜ + ㄹ

음운
소리의 가장 작은 단위
(자음, 모음)

품사

비슷한 성질을 가진 낱말끼리 모아놓은 것
명사, 대명사, 수사, 관형사, 부사, 조사, 감탄사, 동사, 형용사

명사 사람이나 사물의 이름을 나타내는 말

(예) 꽃, 하늘, 유재석

대명사 명사를 대신하여 쓰는 말

(예) 너, 이것, 저것, 여기, 저기, 그, 그녀

수사 사물의 수량이나 순서를 나타내는 말

(예) 수량 - 하나, 둘, 셋, 넷
     순서 - 첫째, 둘째, 셋째, 넷째

관형사 체언(명사, 대명사, 수사) 앞에서 뒤에 있는 낱말을 꾸미는 말

(예) 새 가방, 이 인형, 귤 두 개

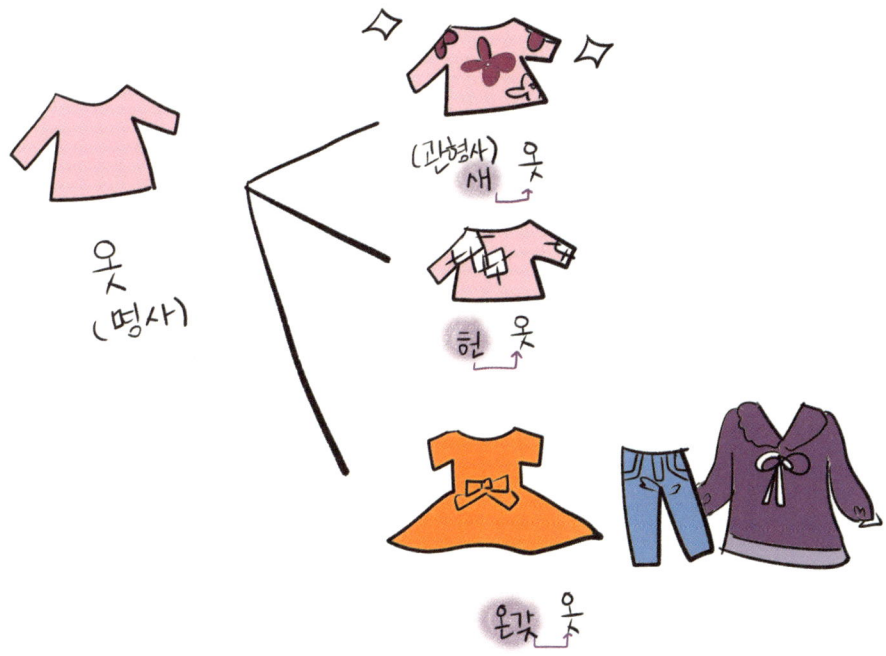

부사 용언(동사와 형용사)을 꾸미는 말

(예) 민재가 <u>빨리</u> 달린다.
준범이가 <u>매우</u> 아팠다.
꽃이 <u>활짝</u> 피었다.

조사 다른 말에 붙어 문장 안에서 어떤 역할을 하게 하는 말

조사 '이/가'가 붙으면 주어가 되고, '을/를'이 붙으면 목적어가 됩니다.
(예) 이/가, 은/는, 을/를, 에/에게, 와/과

감탄사 느낌, 놀람, 부름, 대답을 나타내는 말

(예) 앗, 우아!, 얼씨구!, 야호!, 야, 네

동사 움직임을 나타내는 말

(예) 읽다, 먹다, 걷다, 달리다

형용사 상태나 성질을 나타내는 말

(예) 깨끗하다, 귀엽다, 아름답다, 작다, 크다, 조용하다

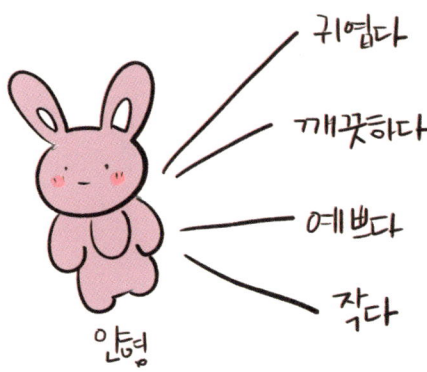

용언 동사와 형용사

어간 용언(동사, 형용사)이 활용(용언의 형태가 달라짐)될 때 변하지 않는 부분

(예) 읽다(기본형), 읽고, 읽어서, 읽었다, 읽는다

어미 어간 뒤에 붙어서 변하는 부분

(예) 읽다(기본형), 읽고, 읽어서, 읽었다, 읽는다

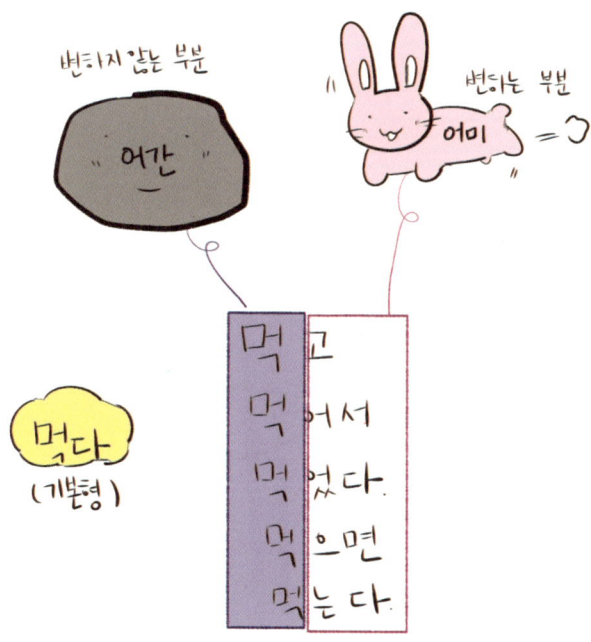

💡 국어사전에는 '읽다', '먹다'처럼 낱말의 기본형이 쓰임

문장 성분

문장을 구성하면서 일정한 역할을 하는 부분

문장 성분에는 **주성분**(주어, 서술어, 목적어, 보어),
부속 성분(관형어, 부사어),
독립 성분(독립어)이 있어요.

주어 문장에서 '누가, 무엇이'에 해당하는 말

(예) 동생이 밥을 먹는다.
    친구가 우리 집에 찾아왔다.

서술어 문장에서 주어의 움직임(어찌하다), 상태나 성질(어떠하다) 등을 설명하는 말

(예) 승주가 달린다.(어찌하다)
    책상이 깨끗하다.(어떠하다)
    지후는 내 친구이다.(무엇이다)

205

목적어 문장에서 '무엇을', '누구를'에 해당하는 말

(예) 동생이 밥을 먹는다.
　　 나는 희수를 좋아한다.

보어 '되다', '아니다' 앞에서 주어를 보충해주는 말

(예) 다현이는 회장이 아니다.
　　 하은이는 화가가 되었다.

관형어 체언(명사, 대명사, 수사)을 꾸미는 말

(예) 우리는 새 집을 샀다.
　　 예쁜 꽃이 피었다.

부사어 용언(동사, 형용사)이나 문장 전체를 꾸미는 말

(예) 나는 체육 시간을 제일 좋아한다.
　　 희은이가 빨리 걸었다.

독립어 다른 문장 성분과 관련 없이 독립적으로 쓰이는 말

(예) 예, 알겠습니다.
<u>어머나</u>, 아기가 참 귀엽구나!

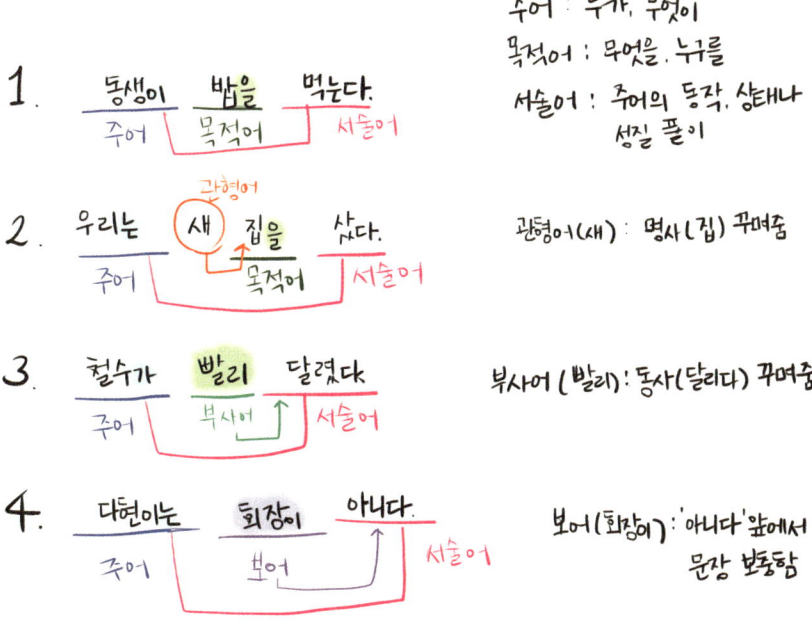

문장의 종류

평서문, 의문문, 명령문, 청유문, 감탄문

평서문 어떤 내용을 설명하는 문장(문장 끝에 마침표)

(예) 어제 놀이공원에 갔다.

의문문 질문하는 문장(문장 끝에 물음표)

(예) 어제 놀이공원에 갔니?

명령문 어떤 행동을 명령하거나 지시하는 문장(문장 끝에 마침표)

(예) 창문을 닫아라.

청유문 어떤 행동을 함께 하기를 요청하는 문장(문장 끝에 마침표)

(예) 같이 도서관에 가자.

감탄문 기쁨, 슬픔, 놀람 등의 느낌을 표현하는 문장 (문장 끝에 느낌표)

(예) 우아, 너 정말 잘한다!

높임 표현 웃어른을 공경하는 표현

(예) 밥-진지, 집-댁, 데리고-모시고, 에게-께, 생일-생신, 주다-드리다, 있다-계시다, 들어오다-들어오시다,

낱말 사이의 의미 관계

낱말끼리 의미에 따라 서로 관계를 맺는 것

유의어 의미가 서로 비슷한 낱말

(예) 책방/서점, 아이/어린이, 야채/채소

반의어 의미가 서로 반대되는 낱말

(예) 아이 ↔ 어른, 왼쪽 ↔ 오른쪽

상의어와 하의어
상의어는 포함하는 낱말, 하의어는 포함되는 낱말

하의어는
상의어의 종류 중
하나를 나타내는 낱말이에요.
(예) 꽃(상의어) - 장미, 국화, 개나리(하의어)
학용품(상의어) - 공책, 필통, 자(하의어)

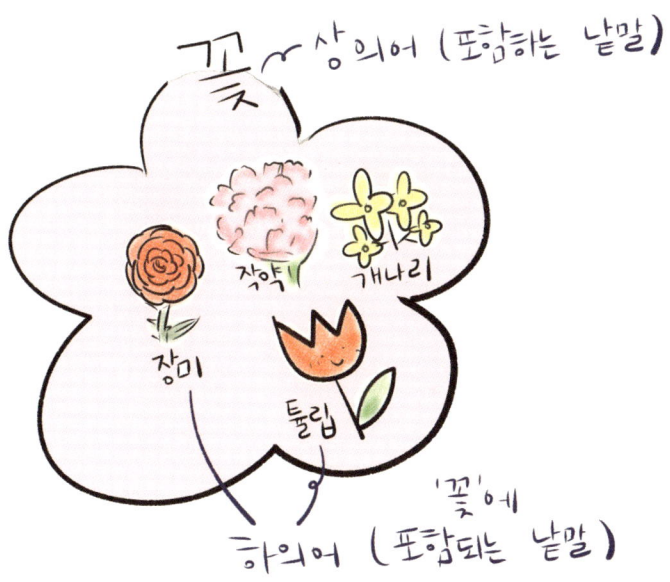

다의어 하나의 낱말에 비슷한 느낌의 의미가 여러 가지인 것

(의미끼리 서로 연관이 있다.)

(예) <u>머리</u>를 흔들었다.(사람 몸에 있는 머리)
<u>머리</u>가 좋아서 공부를 잘한다.(두뇌)
미용실에 가서 <u>머리</u>를 잘랐다.(머리카락)

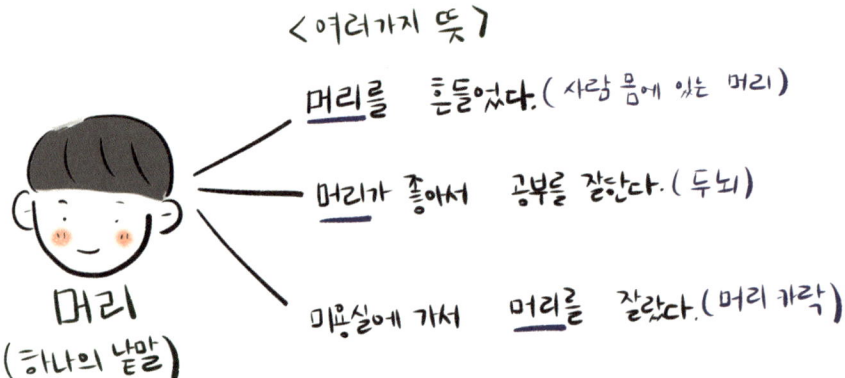

동음이의어 소리는 같아도 뜻이 서로 다른 낱말

(뜻이 서로 연관이 없고 완전히 서로 다른 낱말)

(예) 배를 탔다.(강이나 바다에서 타는 배)

배를 먹었다.(과일 배)

배가 고프다.(사람의 몸에 있는 배)

낱말을 만드는 방법

새로운 낱말을 구성하는 방법

어근 낱말의 뿌리. 낱말의 중심 의미가 담겨 있고, 홀로 쓰일 수 있음

(예) 낮, 밤, 사과, 하늘, 돌

접사 홀로 쓰일 수 없고 어근에 붙어서 뜻을 더해줌

(예) 햇-(그 해에 처음 난), 풋-(덜 익은)

-꾼(그 일을 하는 사람)

단일어 어근이 하나이고 접사가 없는 낱말. 더 이상 나눌 수 없음

(예) 나무, 하늘, 해, 땅, 물, 수건

복합어 어근에 다른 어근이나 접사가 붙은 낱말

복합어는 합성어와 파생어로 나눌 수 있어요.

(예) 감나무 = 감 + 나무(합성어)

맨손 = 맨- + 손(파생어)

합성어 어근 + 어근

(예) 사과나무 = 사과(어근) + 나무(어근)

돌다리 = 돌(어근) + 다리(어근)

파생어 어근 + 접사

(예) 풋사과 = 풋-(접사) + 사과(어근)

햇밤 = 햇-(접사) + 밤(어근)

나무꾼 = 나무(어근) + -꾼(접사)

파생어에는
접두사(어근의 앞에 붙는 접사)와 어근이 합쳐진 낱말과
어근에 접미사(어근의 뒤에 붙는 접사)가 합쳐진 낱말이 있어요.

1. 접두사 + 어근

맨발 = 맨-(접사) + 발(어근)

새하얗다 = 새-(접사) + 하얗다(어근)

덧신 = 덧-(접사) + 신(어근)

시꺼멓다 = 시-(접사) + 꺼멓다(어근)

2. 어근 + 접미사

먹이 = 먹-(어근) + -이(접사)

먹보 = 먹-(어근) + -보(접사)

지우개 = 지우-(어근) + -개(접사)

길이 = 길-(어근) + -이(접사)

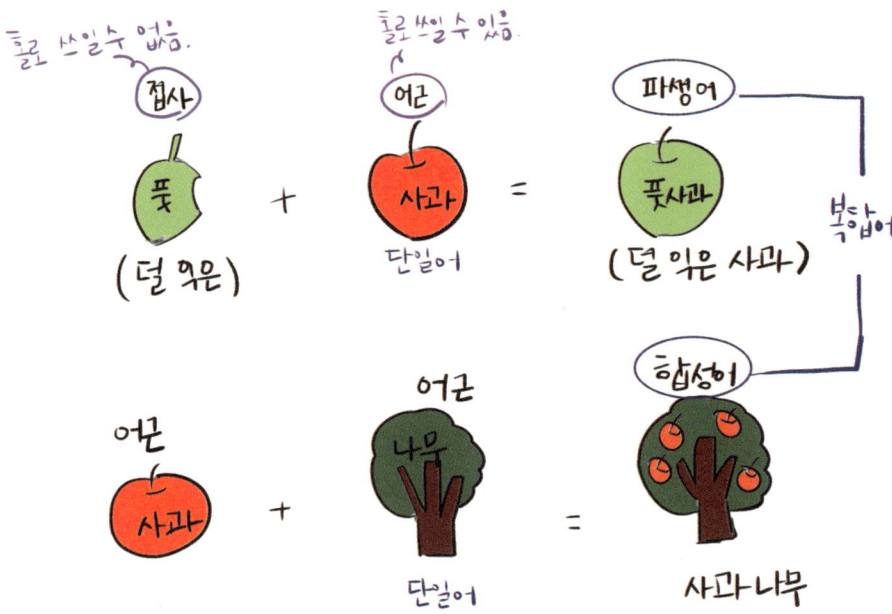

고유어 · 한자어 · 외래어

고유어 우리말에 원래 있던 말

(예) 하늘, 어머니, 땅, 봄, 사랑, 사람

한자어 한자를 바탕으로 만들어진 말

(예) 학교, 공책, 행복, 친구

외래어 다른 나라 말을 빌려와서 우리말처럼 쓰는 말

(예) 라디오, 컴퓨터, 텔레비전

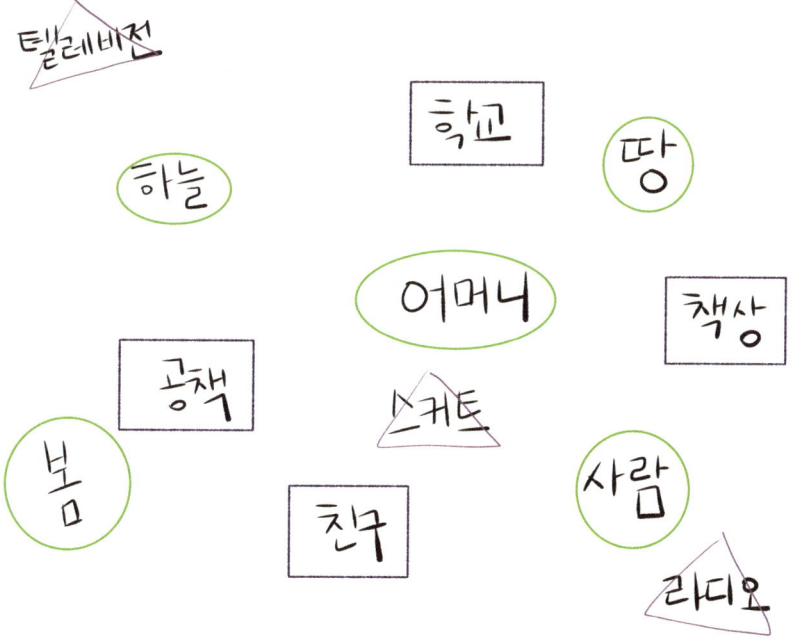

관용어

둘 이상의 낱말이 합쳐져 원래의 뜻과는 전혀 다른 새로운 뜻으로 굳어져서 쓰이는 표현

(예) 발이 넓다 : 아는 사람, 친한 사람이 많다.

손발이 맞다 : 함께 일을 하는 데에 마음, 의견이 서로 맞다.

눈이 맞다 : 서로 반했다.

발 벗고 나서다 : 앞장서서 돕다.

얼굴이 두껍다 : 뻔뻔하다.

손에 땀을 쥐다 : 매우 긴장이 된 상태.

손이 크다 : 씀씀이가 크다.

손
- 손발이 맞다 (마음, 생각이 서로 맞다)
- 손에 땀을 쥐다 (긴장이 되다.)
- 손이 크다 (씀씀이가 크다, 인심이 후하다.)

핵심 쏙쏙! 문법 개념 지도

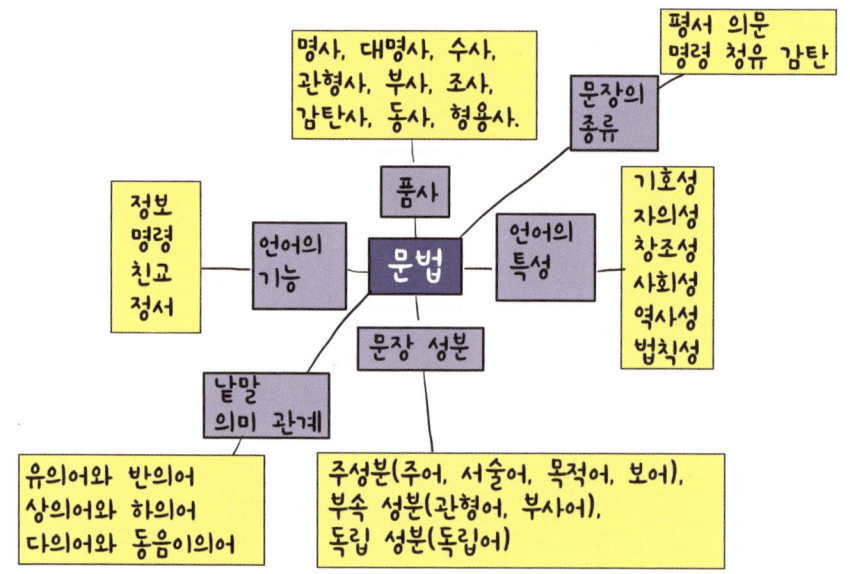

찾아보기

ㄱ
갈등 ·················· 56
감탄문 ················ 209
감탄사 ················ 202
개성적 인물 ············ 52
개회 ·················· 184
거센소리 ·············· 199
결과 ·················· 152
결과 발표 ············· 187
결론 ·················· 138
결말 ·················· 64
고유어 ················ 218
고전소설 ·············· 76
공익 광고 ············· 142
과장 광고 ············· 142
관용어 ················ 220
관형사 ················ 201
관형어 ················ 206
광고문 ················ 142
규칙성 ················ 194
근거 ·················· 136
글을 요약하는 방법 ······ 148
글의 짜임 ············· 110
기사문 ················ 132
기행문 ················ 125
기호성 ················ 192

ㄴ
나열 짜임 ············· 112
낱말 사이의 의미 관계 ··· 210
낱말을 만드는 방법 ······ 214
내적 갈등 ············· 56
논설문 ················ 138
논설문의 짜임 ·········· 138
논제 ·················· 178
높임 표현 ············· 209
누리 소통망 대화 ······· 173

ㄷ
다의어 ················ 212
단일어 ················ 214
대구법 ················ 38
대명사 ················ 200
대사 ·················· 90
대조 ·················· 120
대조 짜임 ············· 110
대중 매체 ············· 160
대화 ············· 92, 172
대화의 특성 ··········· 173
도치법 ················ 39

독립어 ······················ 207
독서 감상문 ················ 158
독서 감상문 쓰는 방법 ··· 158
독후감 ······················ 158
동사 ························ 203
동음이의어 ················ 213
된소리 ······················ 199
뒷받침 문장 ················ 147

ㅁ

매체 ························ 160
면담 ························ 188
명령문 ······················ 208
명령적 기능 ················ 196
명사 ························ 200
모음 ························ 198
목적어 ······················ 206
묘사 ························ 122
문단 ························ 146
문단의 특징 ················ 146
문답법 ······················ 40
문법 ························ 190
문장 성분 ··················· 205
문장의 종류 ················ 208
문학 ························ 13
문학의 갈래 ················ 100

ㅂ

반동 인물 ··················· 54
반론하기 ···················· 179
반복법 ······················ 38
반어법 ······················ 40
반의어 ······················ 210
발단 ························ 64
발표 ························ 174
배경 ························ 48
법칙성 ······················ 194
보고문 ······················ 130
보고서 ······················ 130
보어 ························ 206
복선 ························ 68
복합어 ······················ 214
본론 ························ 138
부사 ························ 202
부사어 ······················ 206
분류 ························ 123
분석 ························ 124
비교 ···················· 110, 119
비언어적 표현 ·············· 176
비유적 표현 ················ 26

ㅅ

사건 ························ 48
사회성 ······················ 194

225

상의어	211	어간	204
서론	138	어근	204, 214
서술어	205	어미	204
설득하는 글	136	언어의 기능	196
설득하는 글을 읽는 방법	136	언어의 특성	192
설명 방법	116	역사성	194
설명하는 글	108	역설법	40
설명하는 글의 종류	125	연	16
설명하는 글의 짜임	110	연설문	140
설화	82	열거	121
소개하는 글	127	영상 매체 자료	160
소재	106	영탄법	38
수사	200	예사소리	198
수필	98	예시	118
순서 짜임	114	외래어	218
시	14	외적 갈등	58
시나리오	96	요약	148
시의 여러 가지 표현 방법	38	용언	203
시적 허용	32	운율	20
시점	70	원인	152
시조	42	유의어	210
심상	22	육하원칙	133
심상의 종류	24	은유법	28
쓰기 과정	162	음운	198
		의문문	208
ㅇ		의사소통	170
안내문	129	의성어	34

의인법	28	제안하는 글에 들어가는 내용	144
의태어	36	제안하는 글에 사용하는 표현	144
이야기	44	제재	106
이야기 구성의 3요소	48	조사	202
이야기의 구성 단계	62	주동 인물	54
인물	50	주어	205
인쇄 매체 자료	160	주장	136
인터넷 매체 자료	160	주장 다지기	179
인터뷰	188	주장 펼치기	179
일기	156	주제	106
입체적 인물	50	주제 선정	184
		주제 토의	184
		중심 문장	146

ㅈ

자음	198	지문	88
자의성	192	직유법	28
재청	187	진실성	46
저작권	164		
전개	64		

ㅊ

전기문	134	참여자	184
전지적 작가 시점	73	창조성	193
전형적 인물	52	청유문	208
절정	64	청자	170
접사	214	추론	150
정보적 기능	196	출처	164
정서적 기능	196	친교적 기능	196
정의	116		
제안하는 글	144		

ㅌ

토론 ·················· 178
토론 절차 ·············· 178
토론에서 주장을 뒷받침하는
 근거 자료 ············ 181
토의 ················· 182
토의 절차 ·············· 182
토의에서 의견을 결정하는 기준 183

ㅍ

파생어 ················ 215
판소리 ················ 80
판정단 ················ 181
편지 ················· 154
편지에 들어갈 내용 ········ 154
평면적 인물 ············· 50
평서문 ················ 208
폐회 ················· 187
표결 ················· 184
품사 ················· 200

ㅎ

하의어 ················ 211
한자어 ················ 218
함축 ················· 30
합성어 ················ 215
해설 ················· 87

ㅎ (계속)

행 ·················· 16
허구성 ················ 46
허위 광고 ·············· 142
현대소설 ··············· 78
형용사 ················ 203
화자 ··············· 18, 170
회의 ················· 184
회의 절차 ·············· 184
희곡 ················· 84

기타

1인칭 관찰자 시점 ········· 72
1인칭 주인공 시점 ········· 71
3인칭 관찰자 시점 ········· 74